まんがでわかる

失敗しない リフォーム&リノベーション

◎漫画 近藤こうじ
◎シナリオ 浅井千春
◎監修 前田政登己

ザメディアジョン

目次

はじめに

「リフォーム費用って一体いくらかかるのだろう……」
「業者選びってどうしたらいいの？」
「中古物件を購入してリフォームするには、どうやって進めたらいいの？」

「リフォームしたい」と考えている方からよくこんな相談を受けます。今、この本を手にしているあなたも、ひょっとしたらこういった悩みをお持ちかもしれませんね。

家は一生のうち何度も買うものではありません。リフォームも洋服のように試着することができません。実際に出来上がるまで満足いくものか確かめることができません。

私も中古マンションを買ってリフォームをしたり、実家を二世帯リフォームしていますのであなたの悩まれる気持ちがよく分かります。

私は以前、新築のマンションに住んでいました。新築は確かにきれいですが画一的です。現在は築26年の中古マンションを買ってリフォームをして快適に過ごしています。なぜなら、自分の好きなものに囲まれてワクワクできるからです。

また、80代の両親と一緒に住もうと築35年の実家（戸建て）を全面リフォームしました。中には壊して建て替えた方がいいという人もいるかもしれません。しかし、親が一生懸命建ててくれたその家を住み継ぎたいと思いました。中古物件でも十分持つ性能がありますし、リフォームは環境にとってもいいことです。

以前は悪質なリフォーム会社が社会問題になりました。「近所で工事をしている」「TVCMで見たことがある」から安心というわけではありません。また「近所の工務店だから」「友人、知人だから」安心ともいえないところがリフォームの難しさです。

リフォームは古いものの上に新しいものを取り付けたり、完成物が見せられないため工事が進むにつれ思いとは違うところが出てきます。その時に施工担当者にそのことを「言いやすいかどうか」もリフォーム成功の大きなポイントです。

私たちは創業以来そのような場面を何度も見てきました。リフォーム・リノベーションで失敗しないために、お施主様にも学んで貰おうと100回を超えるセミナーの開催や小冊子の発行を行い、雑誌・書籍に関しては30冊以上発行してきました。そして、今回は「もっと、分かりやすく」伝えるために漫画にしました。

100戸の家庭があれば100通りのリフォームストーリーがあります。今回は誌面の関係で8つのCASEにまとめていますが、それぞれに成功するポイントがあります。読み進めてもらえればそれが何か、きっと分かってもらえるはず。今後のあなたのリフォーム・リノベーションの成功に少しでもお役に立てば幸いです。

－広島市郊外－
アヤさんもよく決断したよね～
桑田トモミ
うん！旦那さんの両親と同居するなんて・・・
私なら無理かなぁ
上野サエコ
でも実家を二世帯住宅にしたら結構快適なんだって！
坂井リカ
え！？
家を建てたの？
まさか
リフォームに決まってるでしょ！
子どもも生まれていろいろ大変らしいし
そ・・・そうだよね

こ…ここなの？新築みたいだけど…
住所は合ってるよ？
いらっしゃい！
杉原アヤ
アヤさん！
久しぶり〜！
みんな元気そうだね！
ところでアヤさんこれ本当にリフォームなの？
そうだよ
1階が両親で2階が私たちの住居に完全に分かれてるんだ

うわ～いいなぁ
きれい！内装も新築みたいだね
でもこれだけのものをつくるって大変だったでしょ
何言ってんのよ
つくるのは業者さんだから注文したらあとは待つだけじゃない
みんな
考えが甘いなぁ
え？
家をつくるってそんな単純なことじゃないんだよ
まず一番大事なことは
信用できる会社選び！
そっか！まずそこから始まるもんねら

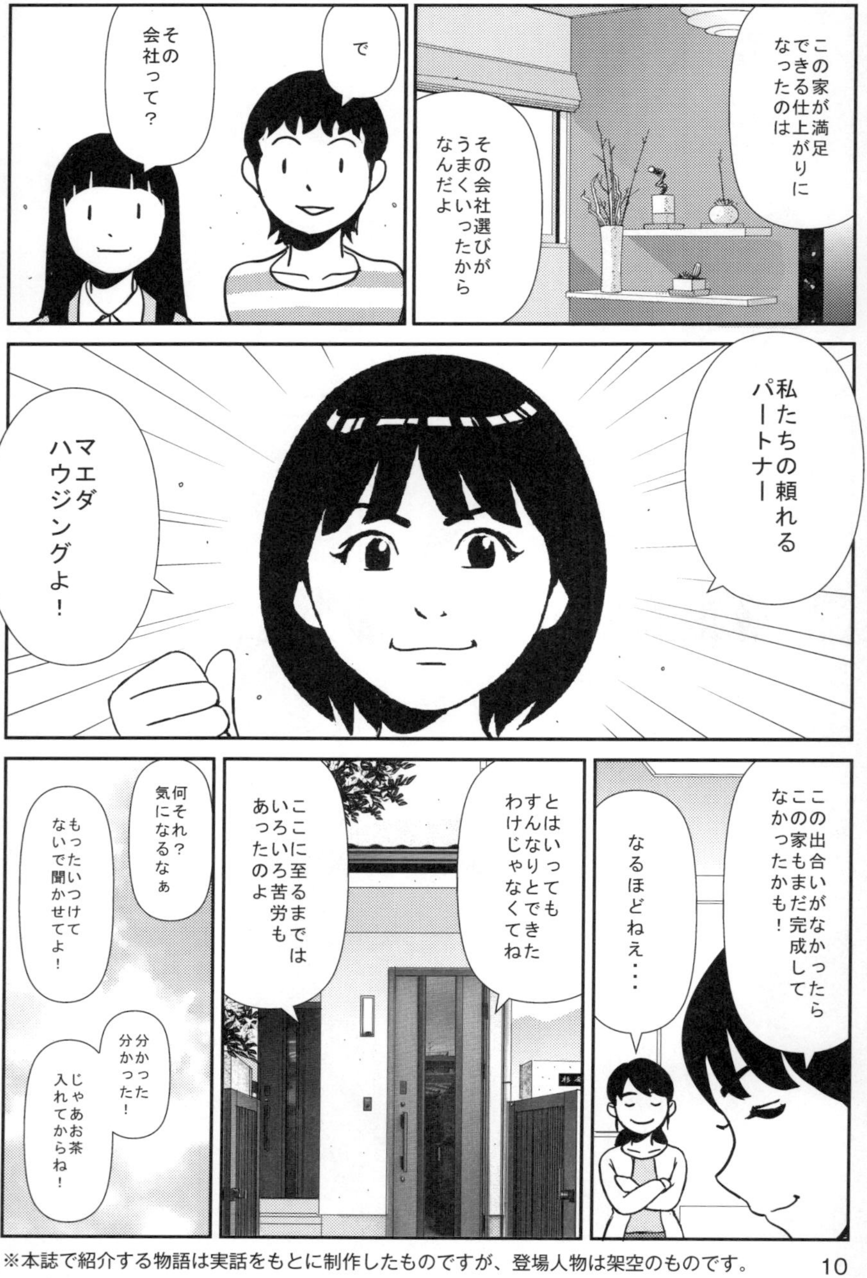

※本誌で紹介する物語は実話をもとに制作したものですが、登場人物は架空のものです。

CASE 1

愛着ある住まいを生かしながら それぞれの想いを実現する二世帯住宅

［戸建て持ち家二世帯リフォーム］

杉原家の場合

登場人物

杉原アヤ

子どもが1歳になったのを
機に理想のマイホーム
づくりを計画するが･･･

杉原ケイ

実家の二世帯リフォーム
を思いつき両親に提案

杉原イワオ

ケイの父

思い入れのある家の
リフォームには反対
している

杉原トミコ

ケイの母

二世帯リフォームに
賛成している

高木

マエダハウジング
リフォームアドバイザー

河田

マエダハウジング
プランナー

－ １年前 －
ワー
ワー
SANFRECCE
・・・・
いいなあ・・・
北欧デザイン
インテリアの本
え？
今何か言った？
こういうインテリアって良くない？
北欧風とか
ああいいね
お・・

ねえ
もっと関心持って
ちょうだいよ！
将来こういう家に
住みたいとか
思わないの？
そろそろ
マイホームだって
考えてもいい頃
じゃない？
マイホーム？
オレはまだまだ
早いと思うよ
このマンションでも
十分じゃないか？
ぜいたくしなく
たってこうして
家族3人が平和に
暮らせてるし
ナオトが
サッカー選手に
なったら考えても
いいけどな
な～
ナオト
あのねえ・・・
あなた
2、3年後のことを
考えてないでしょ！
え？

学生時代の先輩がお子さん連れてきた日のこと覚えてる？
ああ兄弟で元気に遊んでたよな
次の日お隣さんと下の階の人に謝りに行ったんだからね
ここって物音がすごく響くのよ
そうか・・・
ナオトが大きくなって走り回るようになったらどうなると思う？
確かに・・・いろいろと大変かもしれないな
でしょ？
しかし・・・すぐに新築するってわけにもなぁ・・・
待てよ・・・
それなら・・・
アヤ！
今度の休みうちの実家に行ってみるか！
いいけど？

- 日曜日 -
あら!
ケイあんた マイホームを 考えてるの?
ま・・まあ そうなんだけど
新築するのは 資金的にも 現実的じゃない んだよね・・・
それで思い 出したんだ
ほら オレらが 結婚するときに 母さんたちが 言ってただろ?
この家で一緒に 住まないかって!
でもあんた あのときは躊躇 なく断ったじゃ ないの
事情が 変わったんだよ!
それに母さんたち だってそろそろ 考えなくちゃ いけないだろ?
オレたちとここで 一緒に住めば何か あったときも安心 だと思うんだ!

そうねえ・・・
いいじゃない
私はそうするのが良いと思うわ
ありがとう母さん！
アヤ！
これで不安も解消するぞ
う・・・うん
あ！ちょっと待って
一つ問題が・・・
今更何を言っとるんだ
もうその話は済んだことじゃないか
ましてや家を壊して建替えるなど・・・
そう固いこと言うなよ！
よく考えてくれよ
いくら考えても同じだ！

先月親父がぎっくり腰で動けなくなった時に
オレが会社から駆けつけて病院まで連れて行ったのを忘れたのか？
あれは・・・
母さんが勝手に・・・
お父さん！
反対するのも分かるけど
この子たちが近くにいてくれるとやっぱり安心よ
もう少し詳しく話を聞いてみたらどう？
・・・・
－数日後－
ブォオオォ
結局来るのは母さんだけか・・
とりあえずショールームを見るだけでもいいんじゃないかな？
そういえば気になるお店があるとか言ってたよな
ほら実家に行くときに看板出てたでしょ
マエダハウジングの安佐南店よ！

マエダハウジング
安佐南店
MAEDA HOUSING
リフォーム
新築
不動産
マエダハウジング
マエダハウジング
リフォームをお考えですか？
まだ具体的には決まってないんですけど
両親の家で同居する場合はどのようなリフォームが良いでしょうか？
最近は二世帯リフォームをするご家族も増えていますね
リフォームアドバイザー
高木
共働きするお子さん世帯にとっては育児や金銭の面でのメリットがありますし
親御さん世帯にはお孫さんとの暮らしの楽しさや老後の安心感が得られるという魅力があります
私も子どもがもう少し大きくなったら何か仕事をしようと思ってるんです
二世帯住宅なら母さんに面倒みてもらえるよな
ナオトちゃんのことなら任せてちょうだい
私たちの生活にもハリが出るわ

そんな
お義母さんたちに全部を甘えちゃうわけにはいかないですよ
いいじゃん
オレも近くにいられたら安心だし
そうよ遠慮しないでね
家の中もみんなが使いやすいように変えてもらっていいわよ
この際だし大幅にリフォームして二世帯で使えるようにするといいわね
え…ええ
でも…
どう考えてもお義母さんとは好みが違うし…
まして北欧風インテリアなんて…
いろいろ気を使うことも増えそうだし…
友達を呼んでパーティーなんて無理だろうなぁ…
……
アヤどうかした?

あ・・・いや
何でもないよ
夫の両親が建てた家で築45年になるんですけど
きれいにできるかしら？
わ！お義母さんノリノリになってる・・・
お二人はどうお考えですか？
オレはお願いしてもいいと思ってます！
アヤも
進めてもらっていいよな？
私は・・・
もう少し考えたほうがいいんじゃないかと・・・
・・・
そう言われりゃそうだな・・・親父のこともあるし・・・
お父さんだったら大丈夫よ
意地になってるだけだから具体的なプランを見せたら気持ちも変わるんじゃないかな

ここで急いで
結論を出さなくても
いいんですよ
マエダハウジング
まずは
皆さんの
「したい生活」から
考えてみてはどう
でしょう？
したい生活・・・
－翌日－
何度言わせる
つもりだ！
わしはこの家を
1ミリたりとも
変えるつもりは
ない！
え・・・

1ミリって・・・
前よりハードルが上がってる気が・・・
お父さん・・・
忘れちゃったかしら？
ん？
ケイが小学校に上がる頃に・・・あなたとお義父さんが大ゲンカしたことがあったわよね
え！そんなことが・・・？
勉強部屋をつくるために離れの物置を勝手に建て替えてね
この家を大事にしてきたお義父さんがカンカンに怒って・・・
あのときお父さんが言ったのよ
「家は住む人のためにあるんだ！」「住みやすいように変えて何が悪い!?」ってね
親父がそんなことを・・・
・・・・
母さん！
余計なことを言うんじゃない！

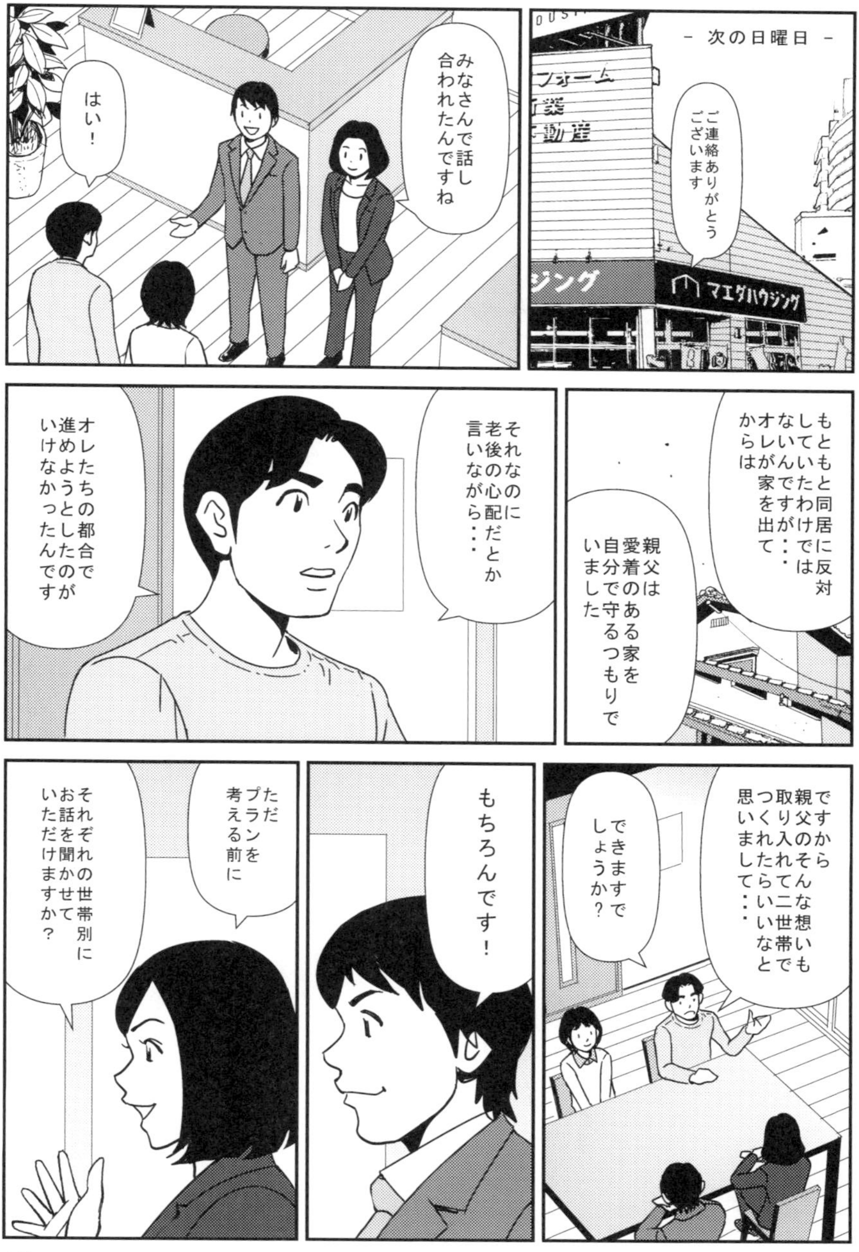
－次の日曜日－
ご連絡ありがとうございます
マエダハウジング
みなさんで話し合われたんですね
はい！
もともと同居に反対していたわけではないんですが…オレが家を出てからは
親父は愛着のある家を自分で守るつもりでいました
それなのに老後の心配だとか言いながら…
オレたちの都合で進めようとしたのがいけなかったんです
ですから親父のそんな想いも取り入れて二世帯でつくれたらいいなと思いまして…
できますでしょうか？
もちろんです！
ただプランを考える前に
それぞれの世帯別にお話を聞かせていただけますか？

そうか！
オレたちと両親でここに来る時間をずらしたのはそのためだったんですね？
はい！一緒にいると言えないこともあると思います
例えばお嫁さんが遠慮して言いたいことを言えずに我慢してしまったり・・・
プランナー
河田
ああ・・・私もそうでした
やっぱりお義母さんの前では言いにくくて・・・
ですよね
二世帯一緒に話を伺うことは大事ですが時には別々に伺うことで
言いにくいことを我々がプロとしてのアドバイスという形で伝えることもできるんです

－後日－
MAEDA HOUSING
リフォーム
新築
不動産
二世帯住宅にもいろいろなタイプがありますが
伺ったご要望からこのようなプランを考えました
1階部分ご両親がお住まいの部分は大きな手を加えていません
これまで同様に愛着のあるものと生活を送っていただくことができます
なるほど
息子さんご家族については2階を増築して居住スペースを新たに確保します

休日にはお友達を呼んで
ホームパーティーを
開きたいというご要望も
ありましたので
お互いに気兼ねなく
暮らすには完全分離型の
スタイルが良いのでは
ないかと考えました
こんなリフォームも
できるんですね！
はい！ですが
二世帯リフォームは
あくまで手段で
目的は家族の「したい
生活」を実現して
明るい会話が増える
ことなんですよ！
これなら
大丈夫だな！
もっと早く
やっておけば
良かったかも
しれん
あ、親父今ごろ
何言ってんだよ～
MAEDA
HOUSING
リフォーム
新築
ははははっ！

ーそしてふたたび現在ー
なるほど～
いろいろあったんだねぇ
大変なこともあったけど
今はその経験にすごく感謝してる
最初は二世帯リフォームや予算のことばかり考えていたけど
アドバイザーの高木さんに言われて気が付いたの
え？どういうこと？
自分たちの「したい生活」を考えるってことが大事だってこと
それで「そうかこんなふうにしたかったんだな」というのが改めて分かったんだ
なるほど…それって奥が深いかも…

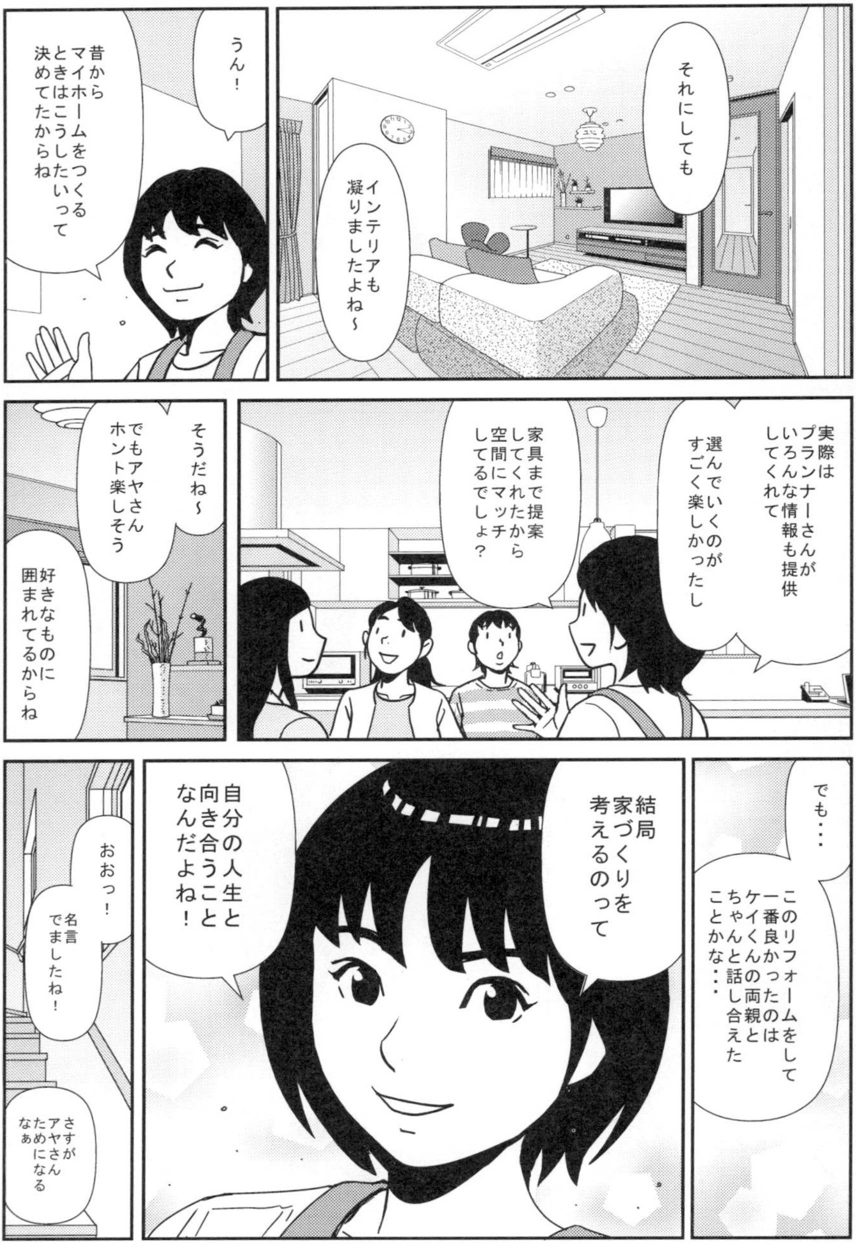

それにしても
インテリアも凝りましたよね～
うん！
昔からマイホームをつくるときはこうしたいって決めてたからね
実際はプランナーさんがいろんな情報も提供してくれて
選んでいくのがすごく楽しかったし
家具まで提案してくれたから空間にマッチしてるでしょ？
そうだね～
でもアヤさんホント楽しそう
好きなものに囲まれてるからね
でも・・・
このリフォームをして一番良かったのはケイくんの両親とちゃんと話し合えたことかな・・・
結局家づくりを考えるのって
自分の人生と向き合うことなんだよね！
おおっ！
名言でましたね！
さすがアヤさんためになるなぁ

パチパチ
パチパチ！
なんだか楽しそうだな
今日はアヤさんのお友達が来てるんですって
でも・・・リフォームして本当に良かったわ
近くにいると何かあったときも心強いし
かわいい孫の顔をいつでも見られるし
人生にハリが出るだろ？
あらおじいちゃん反対してませんでしたっけ？
ねーナオトちゃん
あれそうだったかな？

CASE ①

二世帯リフォームのポイント

POINT1

二世帯リフォームを検討するご家族が増えています！

☆二世帯同居が増えた理由

長らく減少傾向にあった二世帯同居ですが、最近は増加傾向になっています。親との同居に前向きな20～30代の方も多く見られるようになってきました。

CASE1の杉原家でも、子世帯のマイホームプランをきっかけに、親世帯の住む実家を二世帯住宅にリフォームするための検討が始まります。

☆二世帯住宅のメリット・デメリット

二世帯が同居することにはどんなメリットがあるのでしょうか。それぞれの立場から考えてみましょう。

まず子世帯にとっては、実家を有効に活用することで、マイホームにかかる費用の負担を軽減することができます。土地を新たに確保する必要がないだけでなく、建物に関しても親世帯と共有できる部分があるため、費用

二世帯住宅のメリット

親世帯

◎介護などの面倒を見てもらえて安心して暮らせる
◎何かあった時もすぐ相談でき、頼りにできる
◎孫の面倒を見る楽しみ、生きがいがある

子世帯

◎マイホームの建築費を抑えることができる
◎夫婦共稼ぎで外に出ていても、子どもの面倒を見てもらえる
◎子どものしつけや情操教育に役立つ

負担を分けることができるのです。しかも、夫婦共働きの場合には、お子さんの面倒を見てもらえるという心強さもあるでしょう。

そして親世帯にも、同じ屋根の下に自分のお子さんがいることで、何かあった時の安心感や、お孫さんの顔が見られるうれしさもあるでしょう。

ただし、さまざまなメリットがある一方で、共用部分の利用が制限される、生活時間帯の違いから生活音が気になる、プライバシーが守られないなどのデメリットも。プランを立てる際には、こうした点に配慮が必要になります。

POINT2 実家リフォームを決める前に確認すること

☆親世帯の実家への思い

親世帯が暮らしている家に子世帯が入り、二世帯で暮らしていくことになると、家屋や設備の老朽化、生活スペースの割り振りなど、さまざまな問題が起こります。

CASE1でケイの父親・イワオは、最初は家のリフォームに大反対で、息子のケイの説得にも耳を貸そうとしませんでした。しかし、彼がそんな態度をとることにもちゃんと理由がありました。

45年間住み続けた家には、自分たちの若い頃や子どもたちとの思い出もあり、愛着のある空間をそのままにしておきたいという気持ちがあったのです。

実家を利用して二世帯リフォームを行う場合には、長年そのお家で暮らしていた親世帯の気持ちを慮ることも大切なことなのです。

☆一人ひとりの思いをないがしろにしない

ストーリーの中で、家族がリフォーム会社を訪れ、もう一度相談をしようとしても、イワオはかたくなにリフォームに同意しようとはしませんでした。

息子世帯と一緒に暮らせる喜びを感じながらも、自分の家に対する思いを察してもらえない歯痒さがあり、自分だけ放っておかれていると感じ、態度を硬化させていたのです。そのまま無理に話を進めれば、計画そのものが進まなくなる可能性もあります。このようなトラブルを防ぐためにも、「世帯別ヒアリング」をおすすめします。

POINT3 リフォームプランはホンネでつくる

☆遠慮して言えないホンネ

イワオが家族に自分の気持ちを伝えられなかったように、お嫁さんのアヤも思いをなかなか口にできませんでした。二世帯リフォームのプランニングでは、「希望を言い出せなかった」というトラブルも多いのです。

特に、お嫁さんは自分の要望を言い難いようです。「自分たちだけのキッチンがほしい」「プライバシーを守るために寝室に鍵を付けたい」などと思っていても、ご両親の前では口に

できず、後になって「実はこうしたかった……」と打ち明けるケースも。また、息子さん夫婦が主導で話を進めている場合には、お母さんのほうが要望を言いにくい場合もあるようです。

☆ホンネをくみ取るリフォーム会社を選ぶ

両世帯が気兼ねなく、仲良く暮らせる二世帯リフォームをするには、それぞれの世帯の要望をしっかりと聞き、そのホンネをくみ取って「プロからの提案」として伝えてくれるリフォーム会社を選ぶことが大切です。「本当はこうしたかった」という後悔が残らないよう、信頼できるリフォーム会社と一緒にプランづくりをしていきましょう。

☆リフォーム会社選びのポイント

家族みんなが納得のいくリフォームをしたいけれど、どこに相談すれば良いのか、リフォーム会社選びには悩むものです。「プロからの提案」ができることはもちろん、頼れるリフォーム会社を選ぶ時のポイントをご紹介しましょう。

リフォーム会社選びのポイント

①**提案力** 要望をもれなく聞き出してくれるヒアリング力と、ご家族の思いに共感した上で、抽象的なイメージをきちんと具体化するデザイン力の高さも大切。

②**施工力** どれほど素晴らしいプランも、着実に施工できなければ意味がない。施工実績や腕が良く意識の高い職人の有無も1つの判断材料になる。

③**経営力** リフォーム後のサポートを受けたくても、会社がなくなってしまうとそれも不可能に。その会社の理念や財務状態、管理力なども確認しておきたい。

④**アフターサービス力** 定期点検の実施や不具合があった時の対応力、保証の有無などにも、会社としての姿勢が表れる。

⑤**人間力** 信頼できる担当者かどうかも重要だが、住宅に関する有資格者がいるかどうか、スタッフの連携の良さなども見ておきたい。

リフォーム豆知識

二世帯住宅にはどんなタイプがあるの？

二世帯住宅は、住み分け方によって大きく3つのタイプに分かれます。CASE 1の杉原家は、1階が親世帯、2階が子世帯という「完全分離型」の間取りでしたが、それぞれのタイプにメリット・デメリットがあるものです。自分たちの考え方や生活スタイルに合ったリフォームプランを考えるようにしましょう。

完全分離型

玄関やキッチン、浴室などをそれぞれの世帯で設け、住環境を全く別にしている。上下階で住み分けるプランが多い。

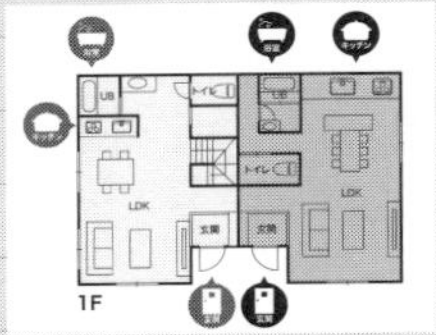

(メリット)
◎プライバシーが守られる
◎各世帯の独立感が強まる
◎内部で行き来できる

(デメリット)
◎左右独立型は敷地に余裕が必要
◎互いが疎遠になりがち
◎建築コストが高めになる

一部共有型

キッチンやそれぞれの居室は別々にし、玄関、浴室、廊下など基本部分を一部共有している。二世帯リフォームで1番多いプラン。

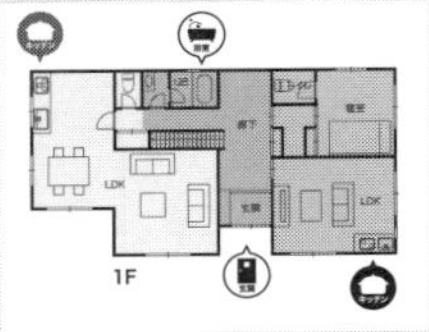

(メリット)
◎プライバシーを程よく確保
◎親子世帯が気軽に集まれる
◎建築コストを抑えられる

(デメリット)
◎浴室等の利用時間が重なりがち
◎人を招く時にやや気が引ける
◎共有部分の配置で間取りに制約がある

完全共有型

浴室やそれぞれの居室以外、全てを両世帯で共有している。

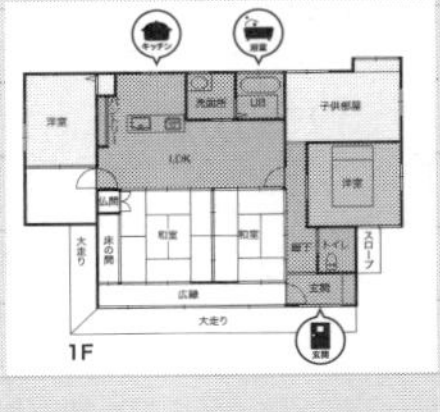

(メリット)
◎敷地が狭くても建てられる
◎建築コストが安く抑えられる
◎互いの様子が分かりやすい

(デメリット)
◎プライバシーを確保しにくい
◎音が聞こえやすい
◎各世帯の独立感がほとんどない

CASE 2

建物の真価を見極めながら憧れの暮らしを手に入れる

〔中古戸建てリノベーション〕

上野家の場合

登場人物

上野サエコ

中古住宅のチラシを見てマイホームづくりを夫に相談する

上野ツトム

中古物件を見てその雰囲気が気に入りリフォームを決意

藤田

マエダハウジング
リフォームアドバイザー

仲介不動産会社社員

権藤

住宅診断専門会社担当者

マイホームか・・・
中古住宅情報
このマンションに住んでもう５年
来年は更新なんだよな・・・
205 上野
うちもそろそろ考えなくちゃね
マイホーム！
え？

ほら
これ見て！
お！
中古住宅か
しかも格安
じゃん！
そうなんだけど
場所がねえ・・・
そうだな・・・
どうせ買うなら
住み慣れてる
この辺がいいよな
うん！私の実家も
近いから将来子どもが
できたときのことを
考えるとなおさらね
でも・・・
このエリアだと
ちょっと
高くなるな・・・
あ！
こっちは
どう？
安い！
ちょっと古いけど
こういうのを
リフォームするのも
いいんじゃない？
それいいね！
次の休みに
でも見に行って
みようか
うん！

- 次の休日 -
こちらは30年前に二世帯の家として建てられた物件でしてね
簡単にリフォームしたら良くなると思いますよ
いかがでしょう?
なあ・・・
さすがにこの物件はやばくないか?
う・・・うん

確かに・・・
安いには安い
なりの理由が
あるってこと
だね・・・
お化け屋敷、
みたい・・・
でもせっかく
だから家の中も
見てみようか
そう・・・
だな

COFFEE SHOP
外観はお化け屋敷みたいだったけど中のつくりは意外としっかりしてたよね・・・
そうだな・・・
思い切ってリフォームできるか相談してみようかな？
え？
だったらさっきの不動産会社の人に聞けばよかったのに
でもさっきの「簡単にリフォームすれば」って言い方が
ちょっと引っかかるのよね・・なんか他人事みたいな感じで
じゃあリフォーム会社を探さないと
あ！そうだ！
ほらこの前話してたアヤさん家のリフォームをやってくれた会社！
マエダハウジングに行ってみようよ！

マエダハウジング府中店
リフォーム・新築・不動産
MAEDA HOUSING
マエダハウジング
いらっしゃいませ!
上野様
リフォームのご相談ですね
リフォームアドバイザー
藤田
はい
気になる物件があるんですが…
かなり古くて傷んでいてもリフォームってできるものなんでしょうか?
ここ最近中古リノベを検討するお客様はとても増えています
ただ上野様のお話を伺っていると
かなり老朽化が進んでいるお宅のようですね
リフォーム費用もその分掛かりますから
場合によってはご購入をおすすめできないかもしれません

やっぱりプロの目で見てもあの物件は厳しいんだな・・・
う～ん・・・でも・・・
あの室内に入った時の感覚は
悪くなかったんだよね・・・
確かに
あの吹き抜けの開放感は抜群だったな・・・
・・・・
ねぇもう一度マエダーハウジングに相談してみない？
そうだな

－次の日曜日－
リフォーム・新築・不動産
MAEDA HOUSING
マエダハウジング
上野様
本当にその物件に決めて大丈夫ですか？
はい！
藤田さんにはおすすめしないと言われたけど
それをはっきり言ってくれたことで逆に信用できる方だなと思ったんです
ありがとうございます！
物件を選ぶ条件はそのご家族によって様々です
お二人がやはりこれが良いと決められたなら全力でサポートします！
よろしくお願いします！

でもここが本当に住めるようになるんですかね？
改めて写真で見ると本当に傷みが酷いな
物件の購入を申し込む前に
一度 ホームインスペクションを実施してみましょう
ホームインスペクション？
住宅診断のことです
床下 小屋裏 外壁 基礎など家のあちこちを見てまわりながら
住宅の劣化状態や修繕の必要性の有無をチェックするんです
住宅は大きな買いものですから
あらかじめ調べておくことは大事だと思います
なるほど！

－数日後－
ホームインスペクション
表面は傷んでいるように見えますが
躯体はしっかりしていますね
そうなんですか！
景気のいい時期に建てられた物件ですので全体的に質の良い建材が使われているようです
これならしっかりリフォームできると思いますよ
住宅診断専門会社
権藤

ね！
最初の不動産会社にリフォームを頼まなくて正解だったでしょ？
安易に頼んでいたら住んでからまたリフォームなんてことになったかもしれないけど
ちゃんと点検してもらったから安心して購入できるよな
マエダハウジング
MAEDA HOUSING
購入をご決断されたんですね
はい！
それでこのあとはどういった流れになるでしょうか？
中古住宅をリフォームする場合
住宅の購入とリフォームが同時に進んで行きます

本当にいろいろやることはあるのね・・・
私たちが物件紹介する時は不動産の買い付け申し込みやローンの申請もお手伝いさせていただきますが
まずはリフォームについてのご要望を聞かせてください
例えばこういう風にしたいとか・・・
プランのようなものはお考えですか？
そうですね・・・
私はとにかく広いLDKにしたいわ
うん！それは賛成だな
そしてあの吹き抜けの開放感を活かして気持ちのいい空間にしたいよな
それから・・・二人で並んで料理ができるキッチンも！
対面キッチンなんかにすると開放的ですね

僕は自転車を置く場所があればうれしいな！
それでしたら玄関に専用スペースをつくるといいかもしれませんね
なるほど！
夢が広がるわね！
ホームインスペクションで家に使われている建材の質がとても良いということが分かっていますので
使えるものは天井や鴨居、建具などはフル活用しましょう
その分コストが下げられますから
そうか！
リフォームだとそういうこともできるのね！
不動産会社から見れば空き家は価値の無いものかもしれませんが
リフォームで新築以上に価値のある物件にすることも可能なんですよ

そういうところまでアドバイスしていただけるなんて
頼もしいな！
ありがとうございます！
これからやることはたくさんありますが全力でサポートさせていただきます
リフォーム・新築・不動産
MAEDA HOUSING
はい！よろしくお願いします！

- 半年後 -

ここがあのお化け屋敷だったなんて
信じられないよなぁ
ホント最初はやっぱりムリと思ったけど
あの吹き抜けの下に立ったときの感覚がどうしても忘れられなかったのよね
そうそう僕たち・・・
無意識にいつもの日常と違う何かを求めていたのかも・・・
うん！
お互い仕事があるし忙しい毎日だからこそ
家に帰ったらそれがリセットされるような開放感とか寛ぎとかね

日常の中の
非日常な家かな
そんな感じ
あのとき思い切って
マエダハウジングに
相談して良かったな
うん！
大正解だった！

POINT4

中古戸建て購入＋リノベーションでしたい暮らしを実現する

☆中古戸建ての性能や価値を再生させる

以前は、初めてのマイホームとして中古住宅を購入することに抵抗感を持つ方が多かったのですが、今は積極的に中古住宅を検討する方が増えています。それは「リノベーション（中古住宅の性能や価値の再生、向上を目的とした改修）」することで、マイホームづくりの選択肢が広がるという考え方が浸透してきたことも大きな要因でしょう。

ＣＡＳＥ２の上野夫妻は、「住み慣れた立地」であることが物件を選ぶ際の大きなポイントであったため、条件に当てはまる中古物件に注目したのです。

☆新築よりも、コストを抑えながら、自分たちの要望を叶えられる

新築住宅と中古住宅の大きな違いは、やはり販売価格です。例えば、広島県内の人気のエリアに注文住宅を建てると４０００万円前後の費用が必要ですが、中古住宅の場合は、平均で１５００万円前後です。そこにリノベーション費用や諸経費を加えると２５００万円前後となり、中古住宅リノベーションの方がマイホーム費用を抑えることができます。

中古住宅＋リノベーションのメリット

◎物件数が多く、暮らしたい街で暮らせる可能性が高い
◎住環境を自分の目で確かめることができる
◎オリジナルの住空間をつくりやすい
◎価格が新築に比べて割安

POINT5
事前にできること・できないことをチェックする

☆老朽化などで思わぬ出費があることも

立地や建物をすぐに確認できるのは中古住宅の良いところですが、一方で築年数などによって建物の老朽化が進んでいる場合があります。実際に現地に足を運び、パッと見た目で決める方も多いのですが、床や壁など目に見える部分は問題なくても、建物の基礎や駆体、床下の配管など、普段目につかない部分に問題が生じていて、修繕に予想以上の費用がかかることもあります。契約をする前に、建物の状態をきちんと確認しておきましょう。

☆中古戸建てリノベーションには制約もある

間取り変更などの自由度が高いリノベーションですが、いくつか制約を受ける場合があることも事前に知っておきましょう。

例えば、土地の建ぺい率や容積率によって建物の広さにも制限がありますし、隣家への日当たりの影響などによっても制限を受ける場合が考えられます。

また、建物の構造上、移動できない柱や筋交いもあるので、間取りを考える際には考慮する必要があります。

制限を受けるもの

◎建ぺい率や容積率による制限
◎用途地域による高さの制限
◎接道幅が４ｍ未満の場合の制限
◎日影被害を防ぐ「北側斜線制限」
◎前面道路の幅による高さ制限
◎柱や筋交いによる間取の制限

POINT6

ホームインスペクションで家の状態をチェックする

☆専門家が客観的に家を健康診断

新築住宅と比べて、比較的安価に購入できる中古住宅ですが、その物件により内容はさまざまです。そこで、建物の構造や劣化状態、修繕の必要性などを買い手の視点で客観的にチェックする方法として注目されているのが、「ホームインスペクション」。いわば家の健康診断です。

物件の購入を申し込む前に
一度 ホームインスペクションを実施してみましょう

チェックにあたるのは、建物の価値を調査し、買い手に対策を助言するスキルを持つ住宅診断士です。中立的な診断を行うためにも、外部の「ホームインスペクション」のプロに依頼することをおすすめします。

ホームインスペクションのメリット

◎専門家のチェックを受けることで安心して購入・居住することができる
◎欠陥のある住宅などを購入するリスクが回避できる
◎将来のメンテナンスなどの計画を立てやすくなる
◎住宅の構造、設備など、本質的な性能が分かる
◎買い主・住まい手の立場から見た報告やアドバイスが受けられる
◎ホームインスペクションの報告書は、住宅の資産価値を保つための「家の履歴書」として残すことができる

ホームインスペクションの調査項目

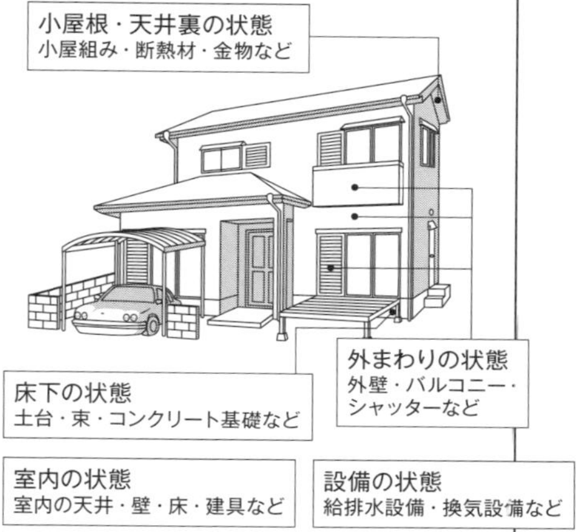
小屋根・天井裏の状態
小屋組み・断熱材・金物など
外まわりの状態
外壁・バルコニー・シャッターなど
床下の状態
土台・束・コンクリート基礎など
室内の状態
室内の天井・壁・床・建具など
設備の状態
給排水設備・換気設備など

POINT7

10年後、20年後を見据えて、今すべきことを考える

☆後悔のないようしっかり現状を把握する

築年数が経てば、建物にも何かしらの変化は生じるものです。「ホームインスペクション」で現状の不具合の有無や度合いを正しく把握し、適切な対策を講じることで、将来的に安心して生活を送ることができます。

また、今回のCASE2のように、現状を調べることで駆体がしっかりしていることや、質の良い建材が使われていることが分かり、それらを次に生かすといったメリットが得られる場合もあります。

家は高額な買い物です。購入し、生活し始めてから後悔のないよう、事前にしっかり調べておくことが大切です。

リフォーム豆知識

工法の特徴とリフォームの自由度

住宅の建築工法によって、間取り変更を伴うリフォームの自由度や必要となる費用には大きな違いが出てきます。物件を選ぶ際には、こうした点も確認しておきましょう。

①木造軸組工法
昔から日本で受け継がれてきた在来工法。建物を支える柱の移動や耐力壁に穴を開けるなど以外は自由度が高く、間取り変更が容易。

②プレハブ工法
工場生産された床や壁などを現場で組み立てる工法。木質系は間取り変更に制限あり。

③２×４（ツーバイフォー）工法
床・壁・天井を柱でなく壁面で支える工法のため、壁をなくして空間を広げたり窓やドアを増やすことが困難。

④鉄筋コンクリート（RC）工法
鉄筋とコンクリートで建てる工法。梁と柱で建物を支えるラーメン構造は自由度が高いが、壁で支える壁式構造は耐力壁の移動が困難。

CASE 3

予算内の中古リノベーションでしたい生活を実現

［中古マンションリノベーション］

大村家の場合

登場人物

大村トモミ

（旧姓桑田）

独身時代に中古マンションのリノベーションでマイホームを手に入れるが、その後タカシと結婚

大村タカシ

トモミと結婚後、手狭になったマンションの引越しを提案する

前田

マエダハウジング社長

竹田

マエダハウジングリフォームアドバイザー

砂川

マエダハウジングハウスエージェント

このまえアヤさん家に行ったときに月々のローンの金額を聞いたじゃないですか
うん
二世帯リフォームを成功させた
杉原アヤさん
実はこのマンションの家賃ってそれより高いんですよね・・・
え！そうなの！？
それで相談なんですけど・・・
今の家賃を払い続けるより
いっそ中古マンションを買ったほうがいいんでしょうか？
そうねえ・・・
でもこれからトモミが結婚して状況が変わる可能性もあるでしょ？

正直分からないんですよね・・・
私も30代後半だし、結婚したくないわけじゃないんだけど・・・
なんとなく縁にも恵まれないし・・・ずっとこのままかとも思ったり・・・
う～ん・・・
トモミに結婚するつもりがないなら自分の家を持つのも悪くないと思うけども
高齢になったら賃貸も借りにくいじゃないですか
そもそも女性の一人暮らしでマンションって購入できるんですかね？
それは専門の会社に相談するのが早いんじゃない？
ですよね・・・
資金計画とかもアドバイスもらいたいし・・・
どこかいい会社知ってます？
それなら私がお願いしたマエダハウジングはどう？
家探しから手伝ってくれるし
是非お願いしますっ！

マエダハウジング八丁堀店
TOCLAS
来ちゃった！
しかも今日はタイミングよく
中古リノベーションセミナー会場
中古リノベーションセミナーやってるなんて・・・
やっぱマンションを購入する運命かもしれないわ！
中古リノベーションセミナー
リノベーションを成功させるなら
一瞬で決めないことが大事です！

特に空き家はリビングのドアを開けた瞬間
多くの奥様が好きか嫌いか一瞬で決まります
しかし
内装はリフォームでどうにでもなるものです
なるほど!
確かにそこで立ち止まっていたら前に進めないもんな・・・
中古リノベというと多くの人が物件探しからスタートすると思いますが
そうではなく
「どんな生活がしたいか」
それを考えることからスタートしましょう!
社長
前田

あの！
ちょっといいですか？
中古マンションのリノベーションについてのご相談ですね？
はい！
そもそも女性一人で中古マンションの購入とかリノベとかできるんでしょうか？
大丈夫ですよ
桑田様の年収を基にシミュレーションをしてみますと
借入可能な住宅ローンの金額は2000万円以内になりますね
リフォームアドバイザー
竹田

私でも借りられるんですね！
でも・・・
中区で築年数の浅いマンションは高いんじゃないですか？
やはり3千万円以上の物件が多いですね・・・
お一人なら少し狭くても1000万円位の中古マンションを購入されて
スケルトンリノベーションするのはいかがでしょうか？
スケルトンでリノベーション？
間取りも給排水管も全て新しく替えてしまうんです
築年数の経った物件のほうが購入価格は低くすみますし月々の支払いも6万円台で抑えられます
それいいですね！

ただ・・・今住んでいる場所が気に入っているので
周辺で物件があればいいんですけど
当社の不動産部でも物件探しをお手伝いできますよ
あ！
砂川さん！ちょっと
こちらのお客様が中古マンションのリノベーションを検討されていて
中区周辺で物件を探したいとのことで・・・
わかりました！
詳しいご要望をお伺いできたらいろいろと情報を集めてみます
ハウスエージェント
砂川
一緒にお話を聞かせていただいてもよろしいでしょうか？
物件を探すところから実際のリノベーションまでまるごとお願いできるなんて
すごく心強いです！
よろしくお願いします！

― 半月後 ―
え！見つかったんですか!?
はい すぐ伺います！
リフォーム・新築・不動産
マエダハウジング
こちらは価格が1300万円で少しオーバーしますが
いい物件だと思いますよ！
300万オーバーか・・・
リノベーション費用を少し抑えれば
今支払っている家賃と同等の返済金額にすることもできますよ
そんなこともできるんですか？
はい
ここならロケーションは抜群だし・・・
間取りや内装はリノベーションでどうにでもなりますもんね・・・
ぜひご検討ください
はい！前向きに検討します！

- 数日後 -
不動産
え!?
買えないってどういうことですか!?
購入申込書まで出していただいて申し訳ないのですが
別のお客様の申し込みのほうが早かったらしいんですよ
そ・・・
そうなんだ・・・
もう買う気満々だったんですけど・・・
人気のあるエリアは競争も激しいですからね
でもまだ良い物件はあるはずです
気を取り直してまた探しましょう!
は・・・はいっ!!

－ さらに数日後 －
プルルルルッ
とはいったものの・・・
あれ以上いい物件が見つかるのかなあ・・・
マエダハウジング
ルルルッ
はい！
えっ！
見つかったんですか！？
リフォーム・新築・不動産
マエダハウジング
こちら少々古い物件ですが場所は理想的ではないでしょうか
価格も1千万円以内ですから
フルリノベーションしても予算内に収まると思いますよ
内装はボロボロだけど見た目で決めないほうがいいですよね！
申し込みます！！

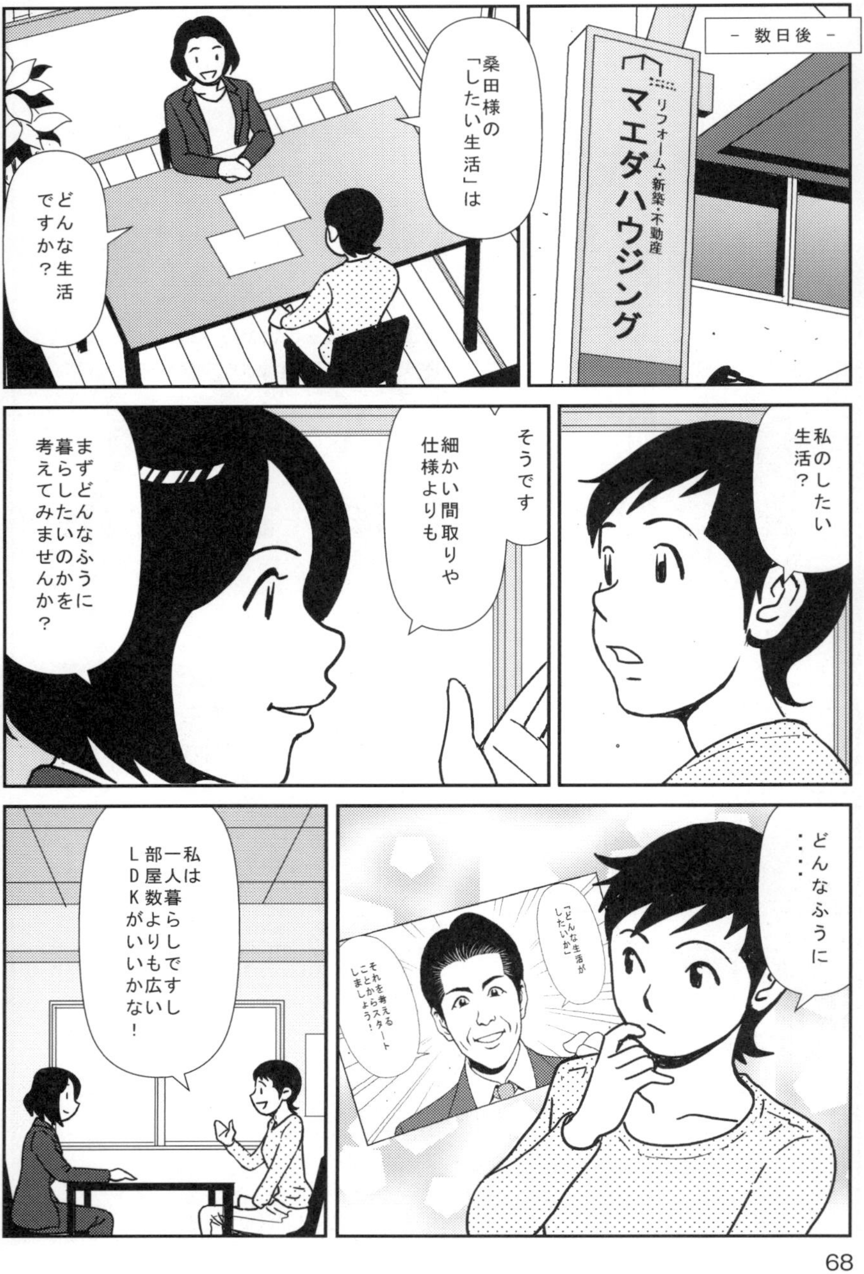
－数日後－
リフォーム・新築・不動産
マエダハウジング
桑田様の「したい生活」は
どんな生活ですか？
私のしたい生活？
そうです
細かい間取りや仕様よりも
まずどんなふうに暮らしたいのかを考えてみませんか？
どんなふうに・・・
「どんな生活がしたいか」
それを考えることからスタートしましょう！
私は一人暮らしですし部屋数よりも広いLDKがいいかな！

それに
玄関を広くして
オープンな収納が
ほしいな
ちょっと遊び心も
取り入れたいし
じゃあ
バーカウンター
なんかどうですか？
あ！
それいい！
―1週間後―
伺った
ご要望から
このような
間取りを考えて
みました

ステキ！
内装はちょっとゴージャスな雰囲気がいいですよね
ええ・・・
あ！
このキッチンの壁のところに造り付けの棚なんかどうですかね？
うーん それだと部屋が狭く感じられるかも・・・
それにご予算的にもおすすめはできないですね
ですよね～
本当は照明なんかもゴージャスな雰囲気にしたいけど・・・
やっぱり高くなっちゃいますかね？

照明の購入までをご自分でされるという方法もありますから
ご予算で好きなものをお選びになるのもいいと思いますよ

そんなところまでアドバイスをくださるんですね！
じゃあ頑張ってみようかな！

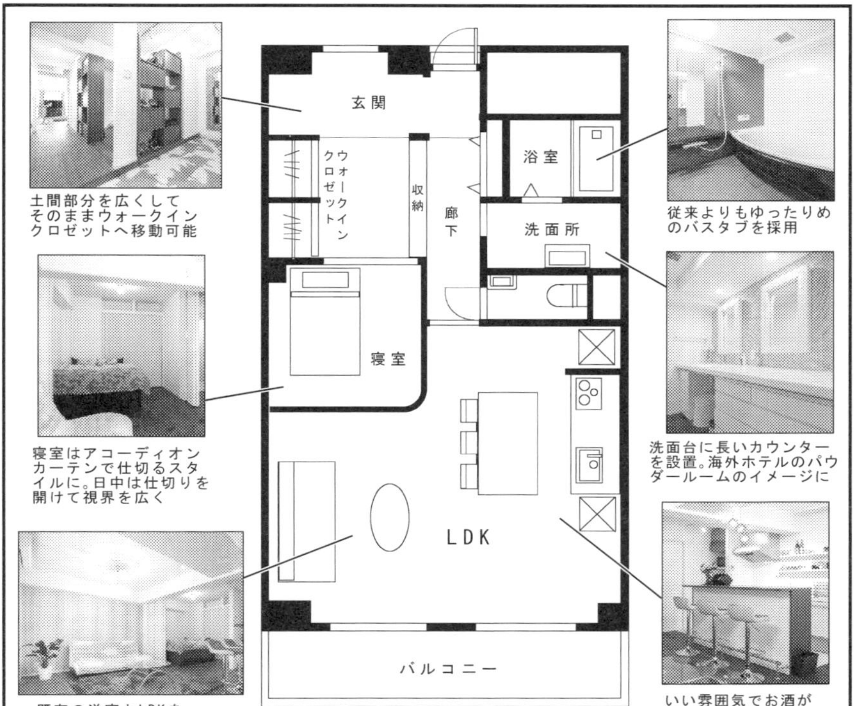
玄関
ウォークインクロゼット
収納
廊下
浴室
洗面所
寝室
LDK
バルコニー
土間部分を広くしてそのままウォークインクロゼットへ移動可能
寝室はアコーディオンカーテンで仕切るスタイルに。日中は仕切りを開けて視界を広く
既存の洋室とLDKを一体化して広い空間に
従来よりもゆったりめのバスタブを採用
洗面台に長いカウンターを設置。海外ホテルのパウダールームのイメージに
いい雰囲気でお酒が楽しめるようにバーカウンターを設置

- 数日後 -
プルルルルッ
はい 桑田です！
え！ ローン審査が！？
はい！無事 通りましたよ
なんだか夢みたいです！
予算内で自分のしたい生活を実現することができるなんて…
マエダハウジングさんに物件探しから しっかりと相談に乗っていただいたおかげです
本当にありがとうございます！
こちらこそありがとうございます
リフォーム・新築・不動産
マエダハウジング
今後はステキなお住まいの完成まで全力でサポートさせていただきます！

- 半年後 -
よし！今日もがんばろう！
きっといい日になるぞ！

トモミ
何かいいことでもあった？
ん？
別にないけど何で？
最近やけに笑顔が多いしなんかこうキラキラしてるっていうか・・・
気のせいよっ
でも私だけが思ってるわけじゃないわよ
ホラ営業の大村さんだって・・・

最近トモミを見る目がすごく優しいって気付いてた？
え！あ・・・
ど・・・どうも
よし！今日会社終わったらごはん行こうか！
Family Restaurant

－ そして半年後 －
－ さらに１年後 －
そろそろ引越し考えたほうがいいかなぁ
え？
もともとトモミが一人暮らししてたところに僕の荷物も持ち込んでいるし
これからもっと物が増えると思うんだよね・・・
そうだね・・・

－ 次の休日 －
お久しぶりです桑田様
あ！ご結婚されて今は大村様ですね！
はい！
今住んでいらっしゃるマンションを売却して
より広い物件をお探しということですね？
子どももできたので
やはり今のスペースだと狭くて…
そうですか…少しもったいない気もしますけど
こればかりは仕方ないですね
竹田さんと一緒にいろいろ考えてつくった間取りだったのに…
ご結婚とご出産を経験された今とあの頃では「したい生活」も変わってきていますよね
もう一度一緒に考えてつくりましょうよ！

あの家が私の人生をいい方向に変えてくれた気がします
マエダハウジングさんと出合ったおかげだよね
ありがとうございます！
またそう言っていただけるように頑張ります！
ー数週間後ー
プルルルルルッ
はい大村です！
先日ご依頼いただいた物件売却の件ですが
購入したい方がいらっしゃいまして
え!?
もう見つかったんですか？

しかも先方様は大村様のご希望額の1650万円でとおっしゃっています
え!?
ほ・・・本当ですか!?
マエダハウジング
はい!
このまま進めてよいかご検討をお願いします
も・・・もちろんです!
是非お願いしますっ!
マエダハウジングさんだろ?
どうだって?
驚かないでよ!
買った値段より高く売れそうなんだって!

ホントか!?
築年数経ってるから普通は下がるだろ?
それが違ったのよ!
しかもマンションを購入した金額とリノベーション費用の合計よりも高いって!
しっかりしたリノベーションをすれば
家の価値を上げることもできるってことか!
うん!
次の家もマエダハウジングでリノベーションしてもらって
家族3人の生活が楽しめるものにしようね
ああ!
僕たちの未来は明るいぞ!

POINT8
見た目の印象で物件を判断しない

☆リノベーションする前提で物件価値を判断する

中古マンションを購入される場合、見た目には経年劣化が進んでいることが予想されます。そのため、現地の状況を見て一瞬の好き・嫌いで判断しないようにすることが大切です。マンションの間取りや内装は、リノベーションすると大きく変わります。見た目の印象だけで、好物件を逃さないようにしたいものです。

☆「したい生活」のイメージを膨らませる

マイホームを持つ目的は、「したい生活」が実現できるかどうかです。例えば、「仕切りを取り払い、広々とした空間でゆったり暮らしたい」なら、室内の壁が取り除けない構造のマンションでは実現が難しいかもしれません。物件を決めてから「できなかった」と後悔しないように、あらかじめしっかり考えておきましょう。

POINT9
事前にできること・できないことをチェックする

☆法律やルール、構造などの制約がある

中古マンションのリノベーションには、法律やルールなどによって、「できること・できないこと」があります。一般に「区分所有法」

と呼ばれる法律では、マンションに住人の専有部分と共用部分が定められており、原則として共用部分については変えることができません。この他、マンションの管理組合による管理規約や使用細則、消防法、建築基準法など、さまざまな法律を考慮する必要があります。
　また、マンションの構造の多くは、「ラーメン構造」と「壁式構造」のどちらかです。

マンションの構造の違い

ラーメン構造
柱や梁で建物を支えている構造。そのため、室内の間仕切りのほとんどが取り外し可能。部屋と部屋をつなげるなどの大掛かりな間取り変更がしやすく、リノベーションの自由度は非常に高い。

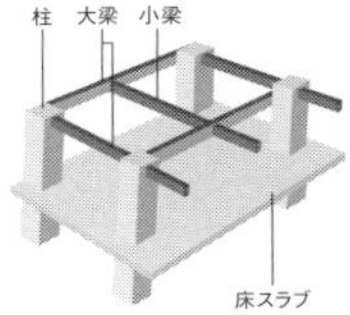

柱
大梁
小梁
床スラブ

壁式構造
柱や梁がなく、壁と床で建物を支える構造。通常は5階までの建物に採用されている。間仕切りの撤去に制限がある。リノベーションの自由度は低いといえる。

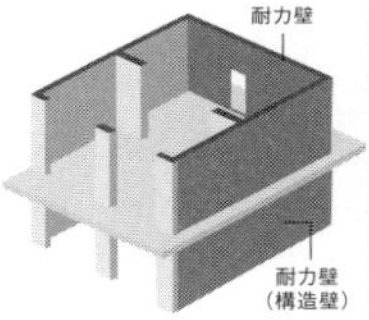

耐力壁
耐力壁
（構造壁）

マンションリフォーム 専有部分の「できる」「できない」

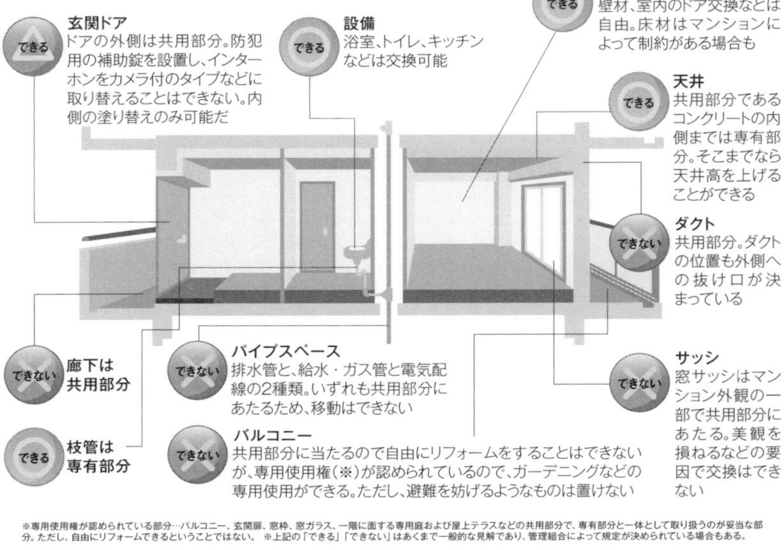

できる
内装
壁材、室内のドア交換などは自由。床材はマンションによって制約がある場合も
できる
玄関ドア
ドアの外側は共用部分。防犯用の補助錠を設置し、インターホンをカメラ付のタイプなどに取り替えることはできない。内側の塗り替えのみ可能だ
できる
設備
浴室、トイレ、キッチンなどは交換可能
できる
天井
共用部分であるコンクリートの内側までは専有部分。そこまでなら天井高を上げることができる
できない
ダクト
共用部分。ダクトの位置も外側への抜け口が決まっている
できない
廊下は
共用部分
できない
パイプスペース
排水管と、給水・ガス管と電気配線の2種類。いずれも共用部分にあたるため、移動はできない
できない
サッシ
窓サッシはマンション外観の一部で共用部分にあたる。美観を損ねるなどの要因で交換はできない
できる
枝管は
専有部分
できない
バルコニー
共用部分に当たるので自由にリフォームをすることはできないが、専用使用権（※）が認められているので、ガーデニングなどの専用使用ができる。ただし、避難を妨げるようなものは置けない

※専用使用権が認められている部分…バルコニー、玄関扉、窓枠、窓ガラス、一階に面する専用庭および屋上テラスなどの共用部分で、専有部分と一体として取り扱うのが妥当な部分。ただし、自由にリフォームできるということではない。 ※上記の「できる」「できない」はあくまで一般的な見解であり、管理組合によって規定が決められている場合もある。

それぞれに特徴がありますが、スケルトンリフォーム（間仕切りを取り払い、1度1つの箱にしてから間取り変更する方法）を検討される場合は、「ラーメン構造」のマンションを選ぶ方がいいでしょう。

POINT10

ワンストップで相談できるリフォーム会社を選ぶ

☆物件探し・資金計画・リノベーションプラン検討などが同時進行する

新築住宅の場合と異なり、中古物件を購入してリノベーションする場合には、「物件探し」「資金計画」「リノベーションの提案」など、複数のことを同時に進めていく必要があります。一つ一つの項目を別々の会社に相談することもできますが、各会社の担当者とやりとりをしながら進めるのは、とても多くの時間と手間がかかるでしょう。

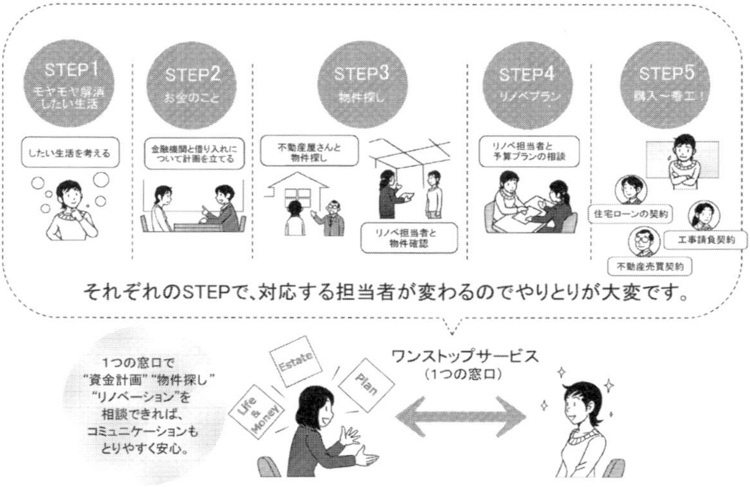
STEP1
モヤモヤ解消したい生活
したい生活を考える
STEP2
お金のこと
金融機関と借り入れについて計画を立てる
STEP3
物件探し
不動産屋さんと物件探し
リノベ担当者と物件確認
STEP4
リノベプラン
リノベ担当者と予算プランの相談
STEP5
購入～着工！
住宅ローンの契約
工事請負契約
不動産売買契約
それぞれのSTEPで、対応する担当者が変わるのでやりとりが大変です。
1つの窓口で“資金計画”“物件探し”“リノベーション”を相談できれば、コミュニケーションもとりやすく安心。
Estate
Plan
Life & Money
ワンストップサービス
（1つの窓口）

☆窓口を一本化して計画を円滑に進める

作業をスムーズに進めていくには、全てをワンストップで引き受けられるリフォーム会社をパートナーとする方法がおすすめです。窓口が1人なら、物件購入時のローン手続きやリノベーションの見積もり・プラン作成など、煩雑な業務も円滑に進み、あなたやご家族の負担も軽くなるはずです。

また、リノベーションを前提とした中古物件探しでは、間取りの変更や内外装の刷新を踏まえた目利きも重要です。豊富な経験を持つリフォーム会社と供に良い物件を選び、質の高いリノベーションを行えば、マンションの価値を高めることも不可能ではないのです。

こちらのお客様が中古マンションのリノベーションを検討されていて
中低層階で物件を探したいとのことで…
わかりました!
詳しいご要望をおうかがいできたらいろいろと情報を集めてみます
不動産部
砂川
一緒にお話を聞かせていただいてもよろしいでしょうか?
物件を探すところから実際のリノベーションまでまるごとお願いできるなんて
すごく心強いです!
よろしくお願いします!

リフォーム豆知識

「女性シングル」中古マンションリノベが増えている?

女性の社会進出に伴い、30代、40代の独身女性がマンションを購入するケースが増えています。好きなものに囲まれ、毎日を快適に過ごしながら、老後やライフスタイルの変化にも備える、そんな考え方が1人暮らしの女性の間に広がっています。あわせて、高齢になった時、1人暮らしだと賃貸が借りにくいという理由もあるかもしれません。

CASE 3に登場したトモミも、自分の将来のために、持ち家がある方がいいと考えた1人でした。そして、理想の住まいを手に入れ、これまでよりも生き生きと充実した毎日を送るようになりました。その後、すてきな出会いがあり、結婚・出産を経て、マンションの買い替えをしますが、価値を高めるリノベーションを行っていたことで、期待以上の金額で以前のマンションを売却できたのです。

独身女性のマンション購入はこれからも増えていくことが予想されます。ライフスタイルがどのように変化しても対応できるよう、質の良い住まいづくりを考えておくことが大切です。

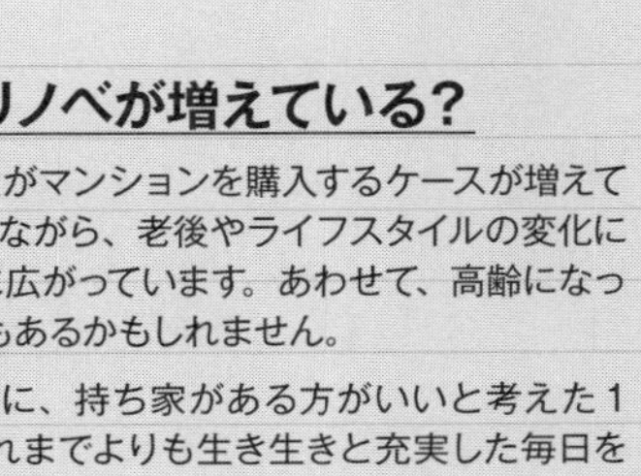

将来の資産となる
賢いマイホーム
づくりを
しましょう!

CASE 4

人と猫がのびのび暮らせる猫想いの家

［中古戸建てペットリフォーム］

森家の場合

登場人物

森ハルコ

猫を15匹と快適に暮らせる家にリフォームしようと決意するが・・・

坂井リカ

出版社で月刊誌の編集を担当
森宅を取材で訪れる

大井

マエダハウジング
リフォームアドバイザー

遠山

マエダハウジング
ハウスエージェント

猫たち

15匹が森家で一緒に暮らしている

ピンポーン
『ひろしまウーマン』の坂井です
お電話でお願いした件で取材に伺いました！
はいはいお待ちしていましたよ
どうぞ
片付いていなくてごめんなさいね
いえいえ
猫ちゃん何匹お世話していらっしゃるんですか？
いま15匹いるんですよ

さすがに猫もこれだけ多いと臭いもあるな・・・
毛もけっこう落ちてるし・・・
それに・・・
家具や壁も傷だらけだ・・・
じゃあこちらでいいかしら
クロちゃんちょっとどいてね
あ　はい！
ペットを飼うってやっぱ大変なんだろうな・・・
では早速お話を聞かせてください

森さんにとって
猫の魅力とは何でしょう？
一番は自由ってとこかしらね
こちらの思い通りにはならないけど急に甘えてきたりしてね
気ままに過ごしているのを見ているだけで癒やされちゃう
なるほど
猫好きの方はそういうところがたまらないんでしょうね・・・
ブワッ
きゃっ！！
な・・・
あら！ごめんなさい！
ドタ
バタ
ケンカが始まっちゃったみたい

同じ場所にいるから
どうしてもストレスが
溜まりやすいのよね
お腹の毛が
抜けちゃう子も
いるし・・・
ドタ
ドタ
・・・・
このままにしておく
のは猫ちゃんにも
気の毒かもしれない
ですね
それで
この状況から
抜け出そうと
思ってね・・・
え？
リフォームを
考えてるのよ
ほら最近話題の
ペット共生住宅！
なるほど！
それは
いいですね！

リフォームはどちらでされるんですか？
いろいろ比べてマエダハウジングにしたのよ
マエダハウジングですか！？
あらご存知？
はい！
以前友人がお世話になったことがあるのでよく知ってます！
でもリフォームしている間の住まいはどうされるんですか？
これだけ猫がいたら大変じゃ・・・
ご心配なく！
仮住まいももう決まってるから
ただ・・・ちょっと大変だったけどね・・・
え？何があったんですか？

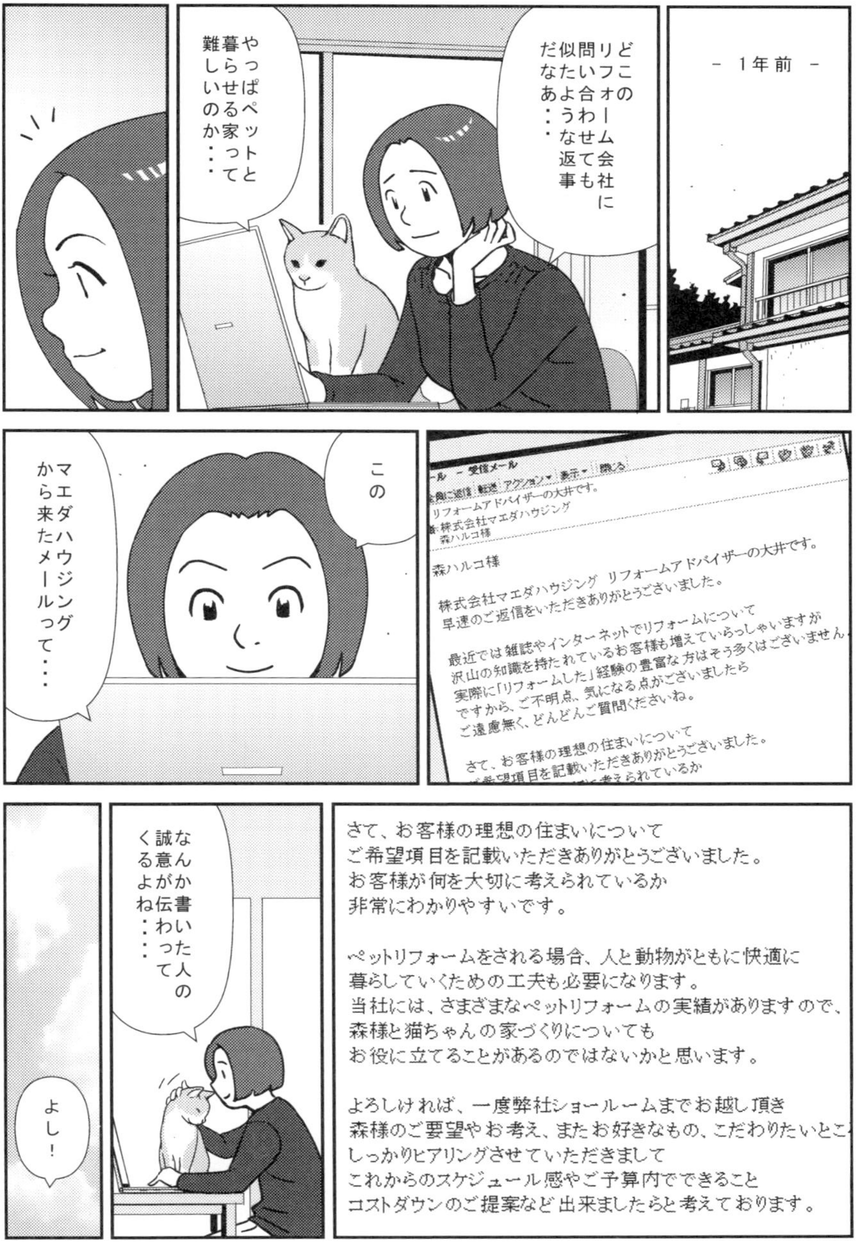
－ 1年前 －
どこのリフォーム会社に問い合わせても似たような返事だなあ・・・
やっぱペットと暮らせる家って難しいのか・・・
ール － 受信メール
全員に返信 転送 アクション▼ 表示▼ 閉じる
リフォームアドバイザーの大井です。
株式会社マエダハウジング
森ハルコ様
森ハルコ様
株式会社マエダハウジング リフォームアドバイザーの大井です。
早速のご返信をいただきありがとうございました。
最近では雑誌やインターネットでリフォームについて
沢山の知識を持たれているお客様も増えていらっしゃいますが
実際に「リフォームした」経験の豊富な方はそう多くはございません。
ですから、ご不明点、気になる点がございましたら
ご遠慮無く、どんどんご質問くださいね。
さて、お客様の理想の住まいについて
ご希望項目を記載いただきありがとうございました。
この
マエダハウジングから来たメールって・・・
さて、お客様の理想の住まいについて
ご希望項目を記載いただきありがとうございました。
お客様が何を大切に考えられているか
非常にわかりやすいです。
ペットリフォームをされる場合、人と動物がともに快適に
暮らしていくための工夫も必要になります。
当社には、さまざまなペットリフォームの実績がありますので、
森様と猫ちゃんの家づくりについても
お役に立てることがあるのではないかと思います。
よろしければ、一度弊社ショールームまでお越し頂き
森様のご要望やお考え、またお好きなもの、こだわりたいとこ
しっかりヒアリングさせていただきまして
これからのスケジュール感やご予算内でできること
コストダウンのご提案など出来ましたらと考えております。
なんか書いた人の誠意が伝わってくるよね・・・
よし！

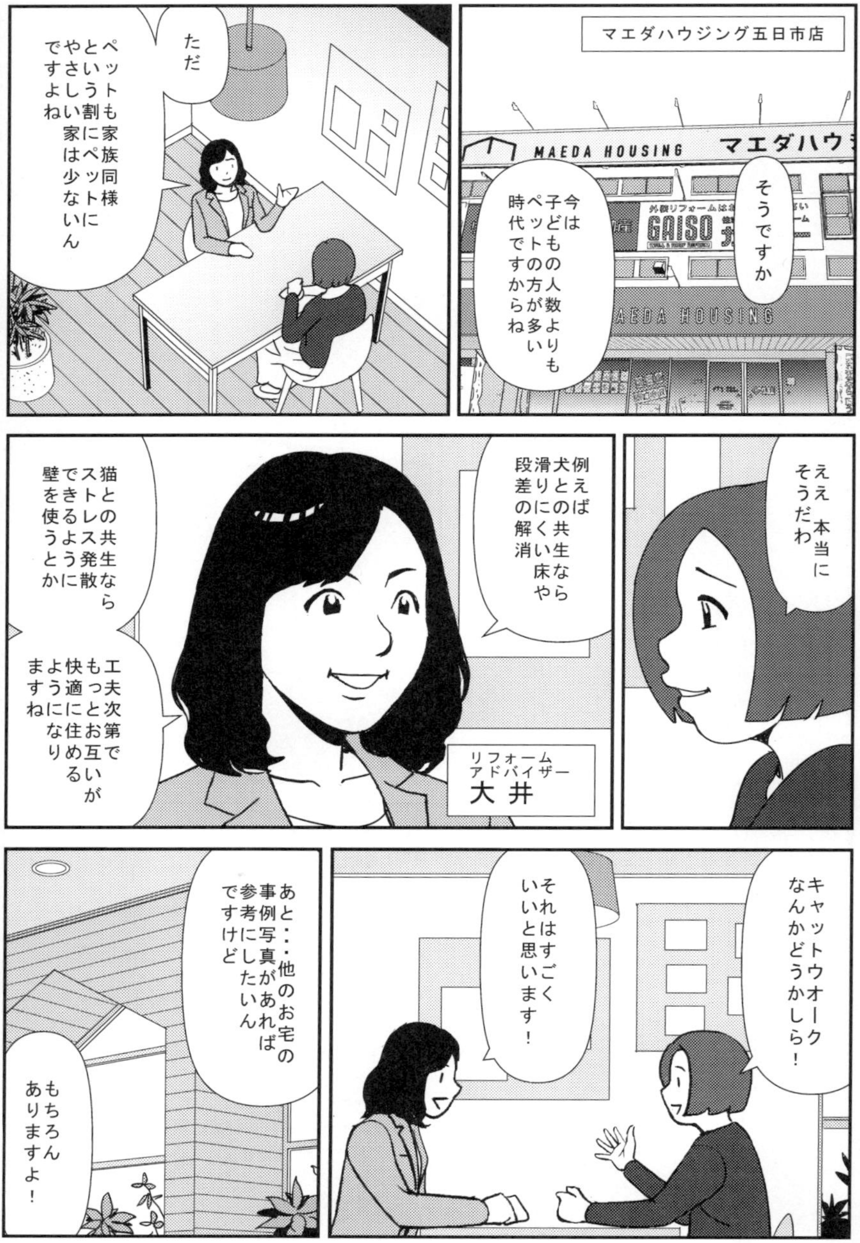
マエダハウジング五日市店
MAEDA HOUSING
GAISO
そうですか
今は子どもの人数よりもペットの方が多い時代ですからね
ただ
ペットも家族同様という割にペットにやさしい家は少ないんですよね
ええ 本当にそうだわ
例えば犬との共生なら滑りにくい床や段差の解消
リフォームアドバイザー
大井
猫との共生ならストレス発散できるように壁を使うとか
工夫次第でもっとお互いが快適に住めるようになりますね
キャットウオークなんかどうかしら!
それはすごくいいと思います!
あと・・他のお宅の事例写真があれば参考にしたいんですけど
もちろんありますよ!

わあ！いろんな方法があるんですね
予算や条件は様々ですが皆さん満足されていますよ
なるほど・・・
工夫次第か・・・
今の住まいで感じていることもありますし
いろいろ相談しながら猫たちと伸び伸び暮らせる家にしたいんです
よろしくお願いします！
－ 数日後 －
では現在のお宅で感じている問題点を
一つひとつピックアップしていきましょう

まずは2階への行き来の仕方ですよね
ええ
現状だと2階に行くには階段しかないんだけど
猫のために他にも2階に行けるルートがあればいいなと思ってね
たとえばこの天井に穴を開けて
猫の通り道を作れないかしら?
それはいいアイデアですね
やってみましょう!
キッチンスペースを仕切るドアがないんですね
そうなんですよ

最初はそのほうが広く感じるからいいかなと思ったけど
料理中に猫がキッチンに入ってくると
コンロで火傷しそうでいつもヒヤヒヤしてるのよ
ここはドアがあったほうがいいですね
ドアがあっても自分でレバーを引いて開けたりするから
鍵を付けたほうがいいんですかね・・・
そうですね
鍵を付けるか引いても開けられないドアノブにするという方法もありますよ
あと
壁の汚れもちょっと気になりますね
ええ
何匹かマーキングする猫がいて困っているの

クロスだとなかなかとれなくて・・・
何か掃除のしやすい素材にするといいかしら？
爪が引っかからなくて汚れもつきにくいパネルを使用するという方法もありますよ
なるほど！
あとマーキングなんかで漏電が心配だからコンセントも何とかしないと・・・
それから空気清浄機は床に置かず専用棚に置くようにしてほしいな・・・
汚れないし掃除も楽だからね！
それは猫を飼ってないとわからない着目点ですね！
対策を考えましょう
ありがとう！
大井さんと話すうちに自分のやりたいポイントも整理できて新しい家のイメージができたわ

ところでリフォーム開始からご入居まで2ヵ月くらいはかかると思うんですが
その間の仮住まいはどうされますか？
それなら自分で探すから大丈夫ですよ！
でもこれだけ猫がいると大変だと思いますよ
今はペット可の物件も多いからすぐ見つかるわよ
そうですか…
大丈夫よ大丈夫！
候補もたくさん見つけてあるから！
しかし…
え!?
ダメなんですか…
!!!

- 数日後 -
マエダハウジング
外装リフォームはおまかせください
森様！
仮住まいのほう見つかりましたか？
それが…ペット可の物件を50件以上問い合わせたけど
全然見つからないのよ…
飼えても1匹か2匹までのところがほとんどだし…
多頭飼いOKでも2ヵ月だけの契約はダメだったりで…
そうですか…
そんなに長い間15匹の猫を預かってくれるところなんてないし…
やっぱりリフォームを諦めるしかないのかな…
諦めるのはまだ早いですよ！

森様！
打開策を一緒に考えましょう！
え・・・？
実は当社にも不動産部があるんです
相談してみるといい解決法が見つかるかもしれませんよ！
－翌日－
MAEDA HOUSIN
リフォーム・新築・不動産
こちらハウスエージェントの遠山です
彼は愛犬家住宅コーディネーターの資格を持っていてペットのことにはとても詳しいんですよ
MAEDA HOUSIN
お話は伺いました
お一人で大変でしたね
すみません大井さんは最初から心配してくれてたのに・・・
ハウスエージェント
遠山
簡単に見つかると思って・・・
なめてました・・・
ペット可物件はたくさんありますがやはり制限はあるものです
とくに多頭飼いの場合は部屋の傷みも酷くなりがちですから
賃貸住宅のオーナー様には嫌がられる場合が多いですね

やっぱり難しいですよね・・・
・・・・
森様！少しだけお時間をください
方法は必ずありますから！
は・・・はい
わかりました
－ 数日後 －
森様に一つご提案があるんです
提案？
こちらは当社が買い取った物件で
今からリフォームして再販をする予定です！
そうなんですか・・・
でも・・・それがなにか？

そのままの状態でよろしければ
2ヵ月くらいなら森様にお使いいただいても大丈夫ですよ
え？
住めるということですか!?
はい！もちろん手を入れる前ですから内装は古いままですが
ご自宅ともそれほど離れていませんし広さも申し分ないと思います
でも猫が15匹ですよ
壁とかあちこちひっかいて傷だらけになっちゃうかも・・・
工事が始まったら家はスケルトンの状態になりますから問題ありません
本当にいいんですか？
はい大丈夫です！
当社には買い取り物件や預かり物件がありますのでタイミングさえ合えばこのようなご提案もできるんです

私…猫と一緒に仮住まいができるのね！
はい！
もう安心して大丈夫ですよ！
こんなに親身になって考えてもらえるなんて
私なんて言ったらいいのか
喜んでいただけてよかったです！
森様も猫ちゃんも快適に暮らせるお住まいになるよう全力でお手伝いさせていただきますね！
は…はい！よろしくお願いします！
－ 新居完成から数週間後 －
ピンポーン
こんにちは！

MORI
わぁ！
かわいいなあ！
でしょ？
どうぞ上がってくださいな！

わ～すごい！
ここから肉球が見えますよ～
透明の板がはめ込まれているからねえ
2階からは下の様子も見えるのよ
家の中がすっきり片付いてて
何ていうか…すごくキレイですね！

できるだけ家具を置かないように造り付けの収納を多くしてもらったのよ
そのほうが掃除しやすいでしょ？
あ！トイレにも猫用のドアがあるじゃないですか！
かわいい！
人のトイレと猫のトイレを同じ場所にしたの
何かと便利よ
この子たちもキャットドアにすっかり慣れたし
猫たちも前よりのんびりしてる感じですね
そうなのよ！
今回のリフォームで
人間と同じように猫にとっても住環境はすごく大事だってことがよく分かったわ！

これからは猫も私も伸び伸びと暮らせそうだね
トラオちゃん！
人も猫も自由に・・・・
人によっていろんな暮らしの形があるんだなぁ・・・
家が変わるだけで暮らしが変わる・・・か・・・
私もそろそろ考えてみようかな！

CASE ④

中古戸建てペットリフォームのポイント

POINT11

ペットブームに住環境が追いついていない!?

☆ペット飼育の現状

現在の犬や猫の飼育頭数は、犬は約890万3千頭、猫は約964万9千頭を数え（一般社団法人ペットフード協会調べ）、2018年、これを合わせると、日本の15歳未満の子どもの数よりも多いといいます。

また、人とペットとの関係も以前とは大きく変化し、単なるペットというよりも大切な家族の一員として考えるご家庭が増え、室内飼いをすることも一般化してきています。

現在、犬も猫も、「室内のみ」「散歩や外出時以外は室内」で飼育するご家庭の合計が、全体の8割を超えるという状況ですから、家はペットにとっても、もっとも長い時間を過ごす生活の場なのです。

☆人もペットもストレスなく暮らしたい

人とペットが室内で一緒に暮らすようになっても、それに合わせた家づくりの知識は、まだまだ広く知られていないというのが現状です。人にとって便利で快適な住環境もペットに快適とは限りませんし、反対にペットによる住まいの汚れや傷、臭いの問題などで、人がストレスや悩みを抱えるという場合もあります。

ペットも大切な家族の一員。お子さんやお年寄りのいるご家庭が住環境に配慮するように、ペットと暮らす住まいにも、工夫が大切ではないでしょうか。

ペットと暮らす快適な「家」づくりのアイデア（猫編）

内装材

壁のクロスで爪を研いでしまう猫は少なくありません。だからといって爪の立てられない素材にすると、今度は猫のストレスになってしまいます。壁材として、表面強化クロスを張るのも１つの方法ですが、珪藻土を使い、傷がついたらＤＩＹで補修するという方法も考えられます。

キャットウォーク

猫は本能的に高いところが好き。室内では十分な運動スペースの確保が難しいですが、キャットウォークで猫の遊び場を増やし、高い場所にお気に入りのスペースができれば猫のストレス解消にもなります。キャットウォークを兼ねて、書棚を階段状に並べたりするのもおすすめ。

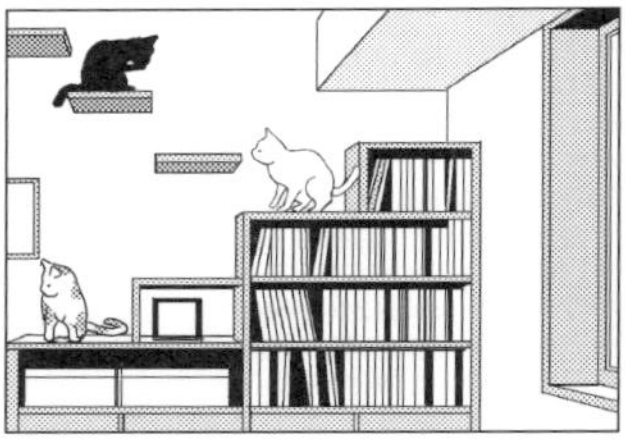

爪研ぎ

爪研ぎは爪の手入れやテリトリーの主張として、猫にとっては欠かせない行動です。そのため、爪研ぎを禁止するのではなく、爪研ぎできる場所をどこかに作るようにしましょう。柱に麻縄を巻き付けたり、麻縄を巻いた板を壁の端やコーナーに取り付けるなどの方法があります。

トイレ

複数飼育の場合、リビングにトイレを並べるのは、スペース的にも見た目にもあまり好ましくないでしょう。それならば、臭いがあっても困らない場所として、人のトイレのスペースを広めにして猫用トイレの置場と共用するという方法も、人と猫が快適に暮らすためのアイデアです。

ペットと暮らす快適な「家」づくりのアイデア（犬編）

水回り

火を扱うキッチンは、愛犬にとっては危険な場所。対面式キッチンなら、リビングにいる愛犬を見守りながら料理ができます。また、愛犬のシャンプー＆ドライに利用するお風呂や洗面所は、掃除がしやすく、洗った後の愛犬の抜け毛の始末がしやすい建材を選ぶといいでしょう。

リビング

室内飼いの犬がいちばん長い時間を過ごすのがリビングです。それだけに床材選びは慎重に。滑りやすい床材は、犬が転ぶ可能性があるだけでなく、関節に大きな負担がかかり、ケガや病気につながる危険性が高くなります。愛犬の健康のために滑りにくい床材を選びましょう。

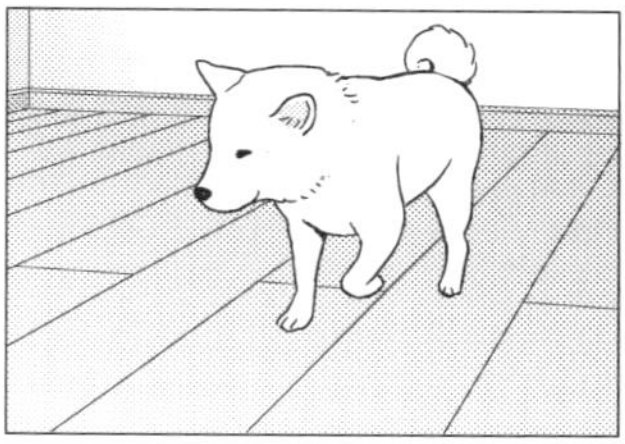

水栓柱

散歩から帰ってきたら、汚れた足のままでは家の中に上がれません。玄関を入る前に、さっと汚れを落とせるペット用の水栓柱があると便利です。夏の暑い時期は屋外でシャンプーすることもでき、お湯の出るタイプにすれば寒い季節のお散歩帰りにも利用できます。

段差解消

玄関の上がり框やリビングのソファの上など、高い場所から愛犬が勢いよく飛び降りると、その衝撃で膝や腰を痛めてしまう場合があります。特に、シニア犬や骨格の華奢な小型犬は要注意。高さのある場所には踏み台やスロープを設置し、段差を解消するようにしましょう。

POINT12

人にもペットにも優しい暮らしを考えよう

☆ヒト目線・ペット目線から家を見直す

前のページでご紹介したように、ペットリフォームをする時には、ペットだけ、人間だけという偏りのないプランをつくりたいものです。

ＣＡＳＥ４のハルコも、愛猫が快適に暮らせるようにさまざまな工夫を取り入れる一方で、掃除のしやすさやコンセントの位置などにも配慮しながらプランを考えていました。

人の目線・ペットの目線の両方でプランを見直しながら、どちらにも優しい、思いやりのある住まいづくりを心掛けましょう。

POINT13

ペットリフォームのプロと一緒にプランをつくる

☆プロの経験や知識をプランに役立てる

自分の愛犬や愛猫のことはよく分かっていても、住まいづくりのことはよく分からない。ほとんどのご家庭のペットリフォームのスタートラインはここからでしょう。

例えば、ペットとの暮らしに適した床材や壁材にはどんな種類があるのか、間取りはどこまで変更できるのか、そして、それをするにはどのくらいの費用がかかるのかなど、家づくりの専門家でなければ分からないことも多いのです。

ペットリフォームには、ペットに関する知識と家づくりの知識の両方を考慮しながら進めることが求められます。家づくりのプロのアドバイスも参考に、皆で意見を出し合いながら最適な方法を見つけていきましょう。

CASE 5

築100年を超える古民家がリフォームで快適な住空間に変身

［古民家リフォーム］

坂井家の場合

登場人物

坂井リカ

夫の実家をセンスよくリフォームすることを目指している

坂井タロウ

妻の提案で実家の古民家リフォームを決意

上野サエコ

リカにマエダハウジングでリフォームすることを提案する

田島

マエダハウジング
プランナー

黒岩

マエダハウジング
大工

矢萩

マエダハウジング
リフォームアドバイザー

え？
古民家？
COFFEE SHOP
そうなの
しかも築100年よ！
まさかそこが新居なの？
もともとはおじいさんが建てた家で思い入れもあるだろうから
まだ決まったわけじゃないけど旦那さんのご両親がそうしろって…
断るわけにもいかなくてね
でも趣があってステキじゃない
最近ちょっとブームにもなってるし
それが実際行って見たらけっこう大変そうなのよ
大変って？

まず入ったらどの部屋も暗いでしょ
それに冬はすきま風が入って底冷えするみたいだし・・・
なるほど
それは実際住むとなると問題だね・・・
でもほらウチだって最初はお化け屋敷みたいだったけど
リフォームしたら見違えるようになって今は快適に暮らせてるわよ
リフォームか・・・
実はこの前仕事で猫の多頭飼いをされている家のリフォームを見て
自分もマイホームを現実的に考えるようになってたのよね・・・
そっか！じゃあ私がお世話になった会社を紹介するから行ってみたら？
あ！マエダハウジングでしょ！

マエダハウジング安佐南店
MAEDA HOUSING
リフォーム
新築
不動産
マエダハウジング
マエダハウジング
古民家リフォームのご相談ということですね？
はい…快適にするためにはどうしたらいいかと思いまして…
築100年のお宅でしたら祖父母様やご両親にも思い入れがあるんじゃないですか？
プランナー
田島
ええ…
それもあるから安易にリフォームするのもどうかと思って躊躇してたんですよ
そうでしたか
しかしながら昔の家のつくりは今の生活に合わない部分があるのは確かだと思います
リフォームアドバイザー
矢萩
大切に引き継いでいきたいとは思いますが
今のままでは住み難いし…いずれ子どもができたときにどうだろうって不安もあって…

部屋は和室しかないから家具やテーブルが置きにくいし
キッチンなんかも古いしな・・・
「したい生活」を実現できるのがリフォームです
一つ一つご要望を整理しながら解決していきましょう
ただ内部の間取りの前にまず耐震についてはしっかり備えておく必要がありますね
やっぱり古い家ですからそうですよね
それから断熱についても考えておかないといけません
長い年月が経っているために気密性も低下していますし
断熱対策も施されていない場合がほとんどですからね
なるほど・・・

床下からの冷気も上がってきますから寒いでしょうね？
そうなんですよ！
あの家にお邪魔するたびに寒いし湿気が多いと思っていました！
当社ではこれまでに古民家再生の事例も多くありますし
そのノウハウを活かしながら今の暮らしに合わせたリフォームをご提案できると思います
おお！それは頼もしいな！
やっぱり相談に来て正解だったね！
よし！
マエダハウジングにお願いしよう！
MAEDA HOUSING
リフォーム
新築

－数日後－
相談用の資料はこれだけあれば大丈夫だろ？
だめだよホラこの写真も入れとかないと
あとこの資料もね！
おいおいさすがにちょっと多すぎないか？
良いリフォームをしてもらうためには必要なのよ！
後悔したくないでしょ！
確かにそうだな！
お金もかかることだし・・・
あと問題はその予算か・・・
それはちょっと心配よね・・・

マエダハウジング
改めて見ると
古い家だよね・・・
部屋の数も多いしな・・
実際にお2人は住まいにどんなご要望をお持ちですか？

とにかく家の中が暗い印象があるので
広くて明るいLDKにしたいですね
家のあちこちに段差があるから
それは何とかしたいな
でもレトロな雰囲気は残したいよな
そうね
おじいちゃん達の思い出も大切に守りたいけど
和室しかないってところは不便だから変えたいし・・・
そうだな
部屋数は少なくていいから広めの洋室があったほうがいいか・・・
あ！
でもそんなにやって予算大丈夫かな・・・

工事の費用を積み上げていくと結構な金額にはなりますね
やっぱりそうですよね・・・
もっと早く準備して資金も余裕が持てるようにするべきだったね
今回は諦めるしかないかな・・・
一つ提案があるんですが・・・
今すぐに全体をリフォームするのではなく
使われる部分を優先的に耐震断熱リフォームをされたらどうでしょう？
そんなことができるんですか？
はい！
ご自分たちのライフスタイルに合わせて
必要な場所を考えてみませんか？

全部をリフォームしないという選択肢もあったんですね！
古民家の建具や柱なども再利用すると趣のある空間がつくれますし
コストも下げることができますよ
なるほど！一石二鳥ってわけか！
はい是非ご検討なさってください
いろいろアドバイスありがとうございます！
その方法なら私たちもリフォームした家に住めそうです！
MAEDA HOUSING
リフォーム
新築
― 数日後 ―
先日お聞きしたご希望を取り入れてこのような間取りを考えてみました
マエダハウジング
いかがでしょうか？
わあ！いいですね！

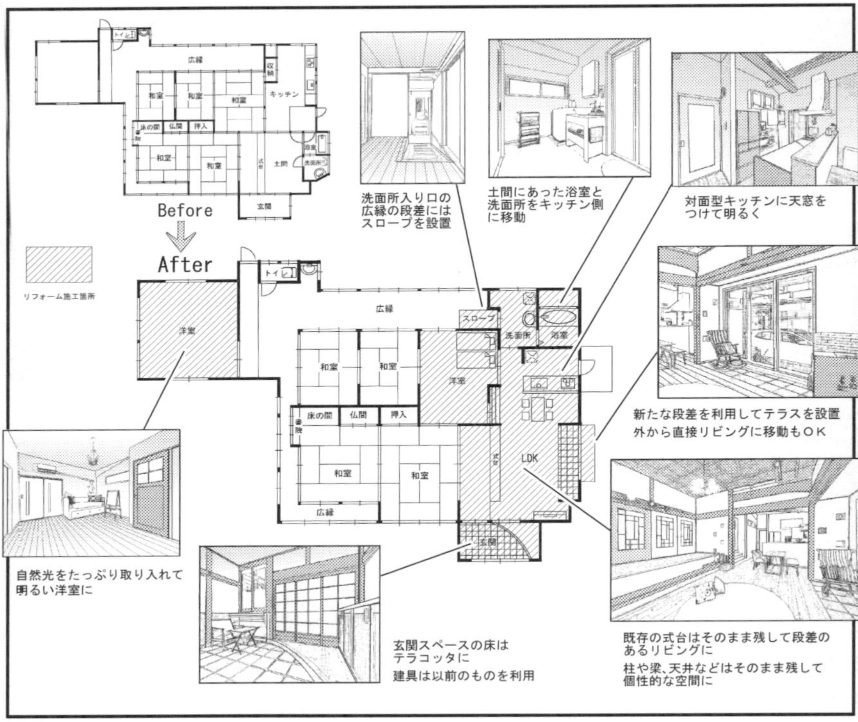

広縁
和室
和室
和室
収納
キッチン
床の間
仏間
押入
和室
和室
式台
土間
浴室
洗面所
玄関
トイレ
Before
After
リフォーム施工箇所
洋室
広縁
スロープ
洗面所
浴室
和室
和室
洋室
床の間
仏間
押入
書院
和室
和室
式台
LDK
広縁
玄関
トイレ
洗面所入り口の広縁の段差にはスロープを設置
土間にあった浴室と洗面所をキッチン側に移動
対面型キッチンに天窓をつけて明るく
新たな段差を利用してテラスを設置
外から直接リビングに移動もＯＫ
自然光をたっぷり取り入れて明るい洋室に
玄関スペースの床はテラコッタに
建具は以前のものを利用
既存の式台はそのまま残して段差のあるリビングに
柱や梁、天井などはそのまま残して個性的な空間に

リフォーム
プラン提出
プラン契約
本契約

ー数週間後ー
いよいよ今日から工事が始まるな！
うん
壁が取り払われたらすごく気持ちのいい風が入ってくるようになったような
それにこういう太い柱を見ると歴史を感じるね
そうだね！

あ！
坂井さん
こんにちは！
田島さん！
こちらにいらしたんですか！
やはり現場は気になりますからね
心配してくださってありがとうございます！
でも順調なんですよね？
それが・・・
建物を壊してみたら
土台や柱をシロアリに食べられているところがありましてね・・・
え～！？

シ・・・
シロアリが？
はい・・・雨漏りも見つかったので
その対策を相談しようと思っていたところだったんですが・・・
雨漏りもですか！？
想像以上にボロだったわけか・・・
やはり下手に手を付けないほうが良かったんですかね・・・
いや大丈夫ですよ！
あ！
こちら大工の黒岩さんです
お世話になってます！
シロアリにやられた土台や柱の差し替えは必要だけど
防蟻工事をしておけば今後の心配はありませんよ
大工
黒岩

それに雨漏りも場所さえわかれば修理は簡単ですからね
スケルトンにしていますからすぐにわかりますよ
そうですか
ちょっと安心しました
それから樹齢１００年の木は１００年後に力を最大に発揮するといわれているのですが
この家も例外ではなくて非常に素晴らしい！
そうなんですか！？
ほら見てください！
この柱や梁なんて見事でしょう！
そうか・・・ただ古いだけじゃないんだね
黒岩さん！よろしくお願いします！
はい！
建てた当時の方たちの気持ちを引き継げるよう精一杯仕事をさせていただきます！

- 数ヵ月後 -
こんにちは～
サエコさん ようこそ～
うわあ いい雰囲気だな～

LDKも素敵！
開放感があって気持ちいい空間だね！
ちなみにここって最初は土間だったのよ
そうなんだ！
でも段差が上りやすい階段状になってていいね！
建具もおしゃれだし！

私のアイデアで元々あった建具をリメイクしたの
1枚だけ違う色でアクセントが付いておしゃれだね～
その効果もあるのかな
なんか部屋全体に温もりを感じるし・・・
ここが土間だったとは思えないでしょ？
うん
古民家の土間ってひんやりしてるイメージがあったけど・・・
ここは以前住んでた場所よりも県北だけど
断熱をしっかりやってもらったおかげでむしろ暖かいくらいよ！
そういうことか～！
耐震のほうもバッチリだからこれから先もず～っと安心して暮らせるわ！

じゃあ見えないところにも結構費用が掛かったんじゃない？
それがなんと予算内で収まりましたっ！
ホントに！？
うん！
普段使うリビングや寝室を中心に工事する方法を
マエダハウジングが提案してくれたおかげでね！
トイレ
広縁
スロープ
洋室
洗面所
浴室
和室
洋室
押入
LDK
和室
玄関
なるほどねえ
でもうまくいって良かったね！
最初はどうなるかすごく不安だったけど
今はリフォームをして本当に良かったと思ってる！

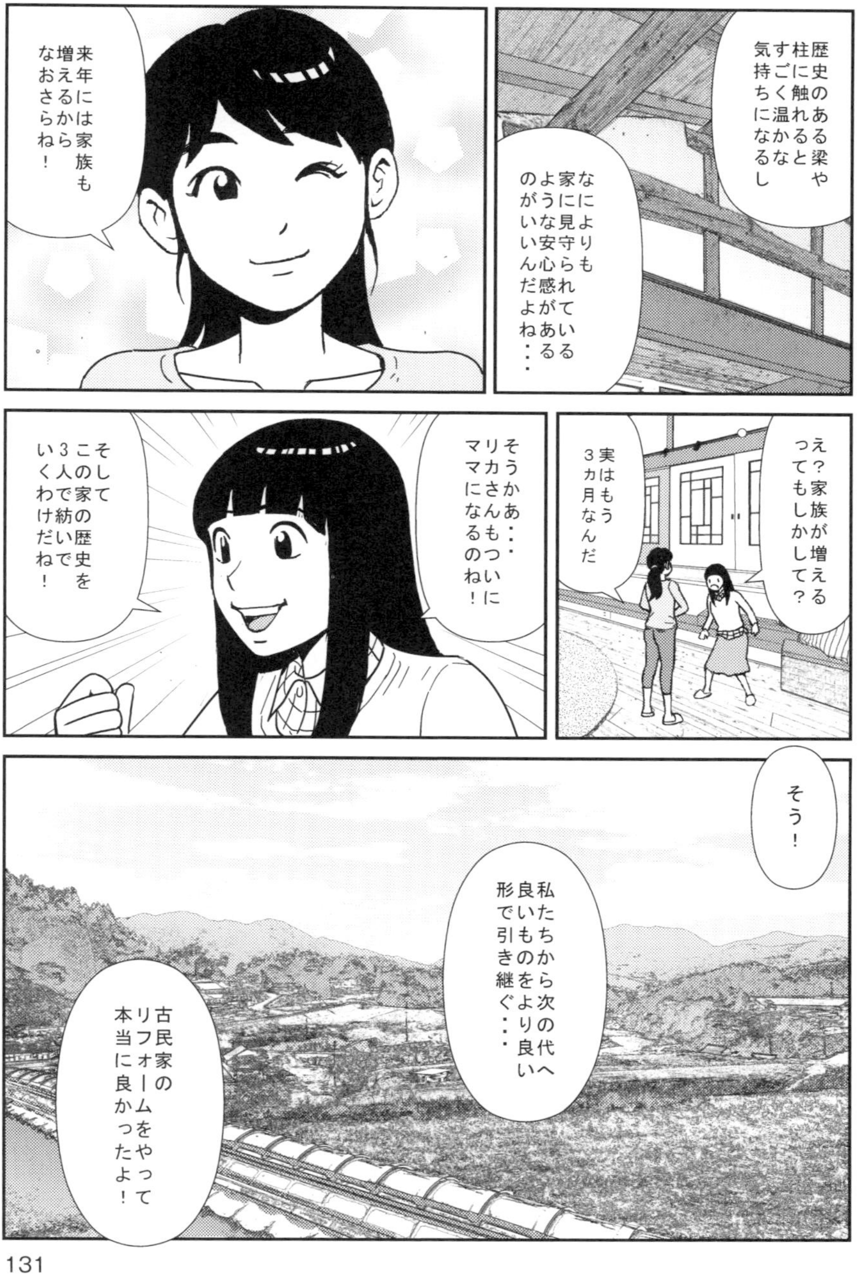
歴史のある梁や柱に触れるとすごく温かな気持ちになるし
なによりも家に見守られているような安心感があるのがいいんだよね・・・
来年には家族も増えるからなおさらね！
え？家族が増えるってもしかして？
実はもう3カ月なんだ
そうかあ・・・リカさんもついにママになるのね！
そして3人でこの家の歴史を紡いでいくわけだね！
そう！
私たちから次の代へ良いものをより良い形で引き継ぐ・・・
古民家のリフォームをやって本当に良かったよ！

POINT14
古民家リフォームで先人の思いを受け継ぐ

☆古民家のメリット・デメリット

古民家の定義はさまざまですが、おおむね戦前の建物で、日本の伝統的な建築技術で建てられた建物を古民家と呼ぶ場合が多いようです。最近は、田舎暮らしや古民家カフェ・レストランなどに関心を持つ方も多く、古民家を再生したマイホームに憧れる方も増えてきています。

ただし、どれほど建築的に価値が高く、趣のある建物であったとしても、現代に照らしてみると、地球環境やライフスタイルの変化とともに、そぐわない点があちこち出てくるのも事実でしょう。

先人の思いを大切にしながら、古民家を住み継いでいくためには、今を快適に暮らすための対策も必要なのです。

POINT15
古き良きものと、今の暮らしを融合させる

☆間取りの改良点は？

同じ日本人でも、昔と今では生活様式が大きく違います。例えば、以前は作業や炊事の場として利用されていた広い土間も、現在ではほとんど使われることがありませんし、トイレがほかの水回りと離れた場所にあるよりも、浴室や洗面室の近くにまとめた方が使い勝手は良くなるでしょう。

また、昔は慶弔事も自宅で行われ、大勢の人が集まるには続き間の和室の方が都合が良かったため、古民家には障子や襖を開けると部屋の配置が「田」の字のようにつながっている間取りが多くありましたが、現代は生活

スタイルが和室から洋室に変わり、これまでの客間の位置を家族が過ごすリビングに変更するケースも多く見られます。

☆古民家ならではの意匠性を生かす

天井裏に隠れていた見事な梁や繊細な欄間、建具の細工など、古民家には、現代ではなかなか手に入れることのできないものとの出合いがあります。それらを生かし、オリジナリティーあふれる意匠性が楽しめるのは、古民家再生リフォームならではの魅力です。古いものと新しいもの、その両方のメリットを取り入れたリフォームを実現しましょう。

古民家リフォームのメリット・デメリット

（メリット）
◎今では入手困難な良質な材料が使われている
◎鴨居や建具など、昔の職人の技を生かしたものが楽しめる
◎長い年月が生み出す趣、風情が楽しめる
◎先人たちの家づくりへの思いが感じられる

（デメリット）
◎すきま風が入り、とにかく寒い
◎耐震面がどうなっているか不安
◎光が部屋の奥まで届かず暗い
◎昔ながらの部屋の配置で使いにくい

リフォーム豆知識

コンバージョンリフォームって何？

これまで事務所だった空間を住居にリフォームしたり、住居をギャラリーやカフェに改装したり、建物を利用する目的を変更するリフォームをコンバージョン（用途変更）リフォームと言います。古民家の場合、母屋の隣や同じ敷地内に蔵が建つというお宅もあります。これまで物置代わりに使っていた蔵を、寝室やお子さんの勉強部屋など、居住スペースとして生まれ変わらせるコンバージョンリフォームも、古民家ならではのユニークなプランです。

Before

After

POINT16

快適に過ごすための寒さ対策は必須！

☆温度差が招くヒートショック

築年数の古い建物は、断熱材が使用されていない場合が多く、冬になると採光の悪さやすきま風も相まって、家全体が冷えきっていることが多いようです。

そのため、家族が集まるリビングは1日中暖房をかけっぱなしで暖かいけれど、1歩部屋を出ると〝ひんやり〟するといった、同じ家の中なのに場所によって室温が大きく違うという状況もよく耳にします。

実は、この暮らしの中の何げない〝ひんやり〟が、病気を引き起こす可能性があるのです。

室内温度の急激な変化により心筋梗塞や脳卒中などを引き起こすことを「ヒートショック」と言います。これは身体が体温を一定に保とうとして血管の弛緩や収縮を行うことから起こるといわれています。

家の中でも暖かいリビングから寒い廊下やトイレ、浴室に移動した際に起こりやすく、特に冬場の家庭内事故の中で大きな割合を占めているのです。

交通事故死の減少に対して家庭内事故死は増加

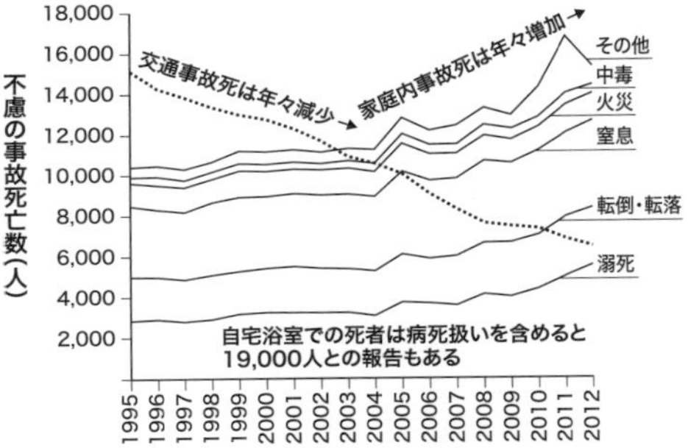

出典：厚生労働省人口動態統計

上のグラフを見ていただくと分かるように、家庭内の事故で亡くなる方は年間17，000人いると言われ、交通事故で亡くなる方（平成30年度3，532人）の実に4・8倍にもなります。家の断熱化は大きな課題です。

☆断熱リフォームで身体に優しい環境を

「ヒートショック」予防のポイントは、室内の温度差を小さくすることです。その差を縮めるためには、断熱リフォームで床や壁、天井に断熱材を隙間なく入れ、同時に家の気密性も高めることで、外気の影響を受けにくくするのです。窓やサッシの開口部をペアガラス、トリプルガラスや二重窓にすることで、さらに断熱性を高めることができます。

断熱リフォームのメリット

◎夏の暑さ、冬の寒さを軽減し、室内環境の快適性がアップする
◎室内の温度差を解消することで健康リスクを低減。また、結露が減ることでカビ等の発生を抑えることができる
◎部屋の温度を保ちやすく、エアコンや暖房機器等の使用が抑えられ、省エネにもつながる

既存の建材を生かしながら、断熱性能をアップ！

床・壁・天井の断熱化

間取りの変更を伴う大掛かりなリフォームと併せて、壁や天井、床下に断熱材を施して、断熱補強をしっかり行う。

お風呂の断熱化

浴槽が発砲スチロールに覆われた浴槽は、断熱構造でお湯の暖かさを長持ちさせることができる。

窓の断熱化

窓の面積の多くを占めるガラス選びが大切。また、樹脂サッシはアルミサッシに比べて熱伝導率が1000分の1です。

POINT17

予算配分をしっかり考える

☆購入費用以外にかかる費用もある

古民家の場合、建物に不具合などがあり、そのままの状態では住むことができないというケースもあります。購入する際には、それらを修繕する費用がかかることも念頭に置き、予算の中で物件購入費＋リフォーム費用＋諸費用をどう配分していくかを考えることが大切です。

予算の総額が1900万円、諸費用が120万円とした場合、1780万円が物件購入費とリフォーム費用ということになります。もしも予算内で気に入った物件が見つかった場合でも、建物の状況によってはリフォームに大きな費用が必要となり、全体の予算をオーバーしてしまう可能性もあるのです。

契約をしてからこのような事態になることのないよう、予算と費用の配分は慎重に行うようにしましょう。

☆スペースを限定してリフォームする

建物全部をリフォームすると費用が予算を越えてしまう。そのような場合に、建物のスペースを限定してリノベーションするという方法もあります。CASE5の坂井夫妻は、当初、家全体のリフォームを考えていましたが、資金的な不安があったため、自分たちのライフスタイルに合わせて、必要な部分を優先的にリフォームすることにしたのです。

古民家は、経年劣化の状態が物件ごとに異なり、予算が判断しにくいものです。依頼するリフォーム会社の知識やノウハウの有無も、重要な判断基準になります。

CASE 6

自然素材の優しい空気に包まれて伸び伸び子育てをする

［戸建て自然素材＆減築リフォーム］

宮本家の場合

登場人物

宮本トシヤ

多趣味であるが娘のことを第一に考え古い実家のリフォームを決意

宮本キョウコ

娘のアレルギーを治すため夫の実家リフォームを計画する

宮本ユリ

アレルギー体質でほっぺが少しかぶれて痒い

杉原アヤ

自分の経験からキョウコにマエダハウジングでのリフォームを提案

並木

マエダハウジング
リフォームアドバイザー

水谷

マエダハウジング
プランナー

Family
Restaurant
・・・・
どうしたのキョウコさん？
元気ないわね
うん・・・
先月あたりからユリにアレルギーの症状が出るようになってね・・・
え！
そうなんだ・・・
痒がるし・・・見てても可哀想でたまらなくて・・・
それは大変だね・・・
原因は何か分からないの？

住環境が原因だと思うんだけど・・・
ほらうちって夫の実家でかなり古いじゃない
湿気も多いし結露やカビも多いから
アレルギーの原因はハウスダストじゃないかと思うのよ
確かに・・・それはあるかも・・・
家のつくりも今の生活に合ってないから
リフォームの話も出てはいるんだけど・・・
それなら一度リフォーム会社に相談してみるといいよ！
そういえばアヤさんもご実家をリフォームしたのよね
そう！
マエダハウジングでね！
その会社どうだった？
リフォームのアドバイスはもちろんだけど
もっと大切なこともたくさん教えてもらったかなあ

もっと大切なこと？
うん！とにかくおすすめだから
行動に移してみたらどうかな
わかった！
まずはスマホで検索してみるね
－ 数日後 －
リフォームフェア
ザワ
ザワ
ザワ
ザワ
ちょうどリフォームフェアやってて良かったね
ああ！それにしても人多いなあ
ザワ
ザワ
いろんな会社が参加してるから情報収集にはいいと思ったんだけど・・・
ザワ
ザワ

営業の人がグイグイ来るから会社がうかつに質問できないよな・・・
ザワ
ザワ
リノベーション
ホント・・・勢いに押されちゃうな
もうだいたいまわったから帰ろうか・・・
あ！
㈱マエダハウジング
マエダハウジング！
え？キョウコ知ってるの？
前にアヤさんに聞いたんだけど親身にアドバイスしてくれてすごく良かったって！
ふーん・・・そんなに違いがあるものかなどの会社もたいして変わらないんじゃないのか？
そうかもしれないけど最後にちょっと寄ってみようよ！
リフォーム・新築

こんにちは！
良かったらご覧くださいね～
リフォームアドバイザー
並木
・・・・
どうかなされましたか？
いや・・・
もっと積極的に説明してこられるのかと思ったもので・・・
私たちの仕事はお客様の「したい生活」の実現をお手伝いすることですから
まずはお客様のお話をお聞きするところから始めるんですよ
なんだか他の会社とはちょっと違うみたいだな
若い人が多くて話しやすいし・・・
やっぱりここに相談してみようか？
実は私たち実家のリフォームを検討してるんです
そうでしたか！

今の家は古くて湿気もすごいしカビっぽい所もあるし・・・
子どものアレルギーと何か関係があるんじゃないかと思って・・・
それはお辛いですね・・・
住宅内の空気がアレルギーの原因の一つである可能性はあると思います
もしよろしければ
自然素材を使ってリフォームしたお宅の見学会にいらっしゃいませんか？
現場見学会
参加無料
自然素材って
漆喰とか無垢材とかを使ったお宅ですか？
はい！当社では人にも環境にも優しい住まいづくりとして自然素材の採用にも力を入れているんです！
見学会では実際のお宅でその違いを確かめることができますよ
はいぜひ参加させてください！

－ 翌週 －
リフォーム完成現場見学会
わぁ・・・木のいい香りがする
なんだろう
空気がキレイって感じかな
新しい家ってもっと独特な臭いがすると思ってたけど
全然イヤな臭いもないし・・・
うん！それに
なんだか温もりを感じるよね

本当だね！
すごくくつろげる感じ！
たしかに・・・
自然素材の家っていいよなぁ・・・
うん！ちゃんと相談してみよう！
ー数日後ー
マエダハウジング東広島店
築50年で結構広い家ですが
あまり使っていない部屋もあるんですよ
マエダハウジング
MAEDA HOUSING

そうですか
お二人の何か具体的なご希望などはありますか？
プランナー
水谷
ゲストルームがあったほうがいいかなぁ
おしゃれな感じの・・・
それもいいけど・・・家が広いわりに駐車スペースが狭いだろ？
二人分の車がちゃんと駐車できるようにしたほうがいいよな！
あと気になるのはLDKよ！
キッチンにいるとリビングで遊んでる娘の姿が見えなくて心配だから
見通しが良くなるといいんだけど・・・
なるほどそれはちゃんと考えたほうがいいですね

あと・・・収納もできるだけ多いほうがいいです
しかし要望って出してみるとけっこうあるもんだな・・・
あ！そうだ俺サーフィンやってるから
ボード置き場や専用の搬入口もあれば最高だな！
それを言うなら私だってユーティリティがほしいわ
落ち着いて趣味に没頭したいもの
趣味の部屋なら俺だってオーディオルームや楽器が弾ける部屋がほしいよ
あとやっぱ大画面のホームシアターな！
あの・・・どれもステキですけど
ご予算には限りがあるので・・・
ていうかさっきからあなたの言ってるのって自分のことばっかじゃない？
なんだよその言い方
希望なんだから何言ったっていいだろ！

これからユリの教育費だってかかるのよ!
もっと現実的なことを考えないと
よく言うよ! 自分だって趣味の部屋とか言ってたくせに!
あれは勢いで言っただけで・・・
まあまあ! お二人とも・・・
もともとはお子様のためにやろうとしているリフォームじゃないんですか?
あ・・・
そ・・・そうだよね
ごめん私・・・つい調子に乗って・・・
俺も・・・ユリのために良い環境を作るのが何よりも大事だってことは分かってたんだけど・・・
もう一度最初からお願いします!

お2人のご要望を全部取り入れると予算オーバーになってしまいますから
ここはコストダウンを図るためにも一度整理してみませんか？
整理・・・ですか？
ええ！まずしたいことの優先順位を考えてみてください
そして優先順位の高いものから実現していくんです
なるほど！
うちの場合はなんだろう・・・
やっぱり自然素材の家にするというこどが1番じゃないかなな
うん！見学したときのあの空気のキレイな感じ
やっぱりユリの健康のことを考えると絶対に外せないよね！

生活するうえで車2台はどうしても必要だから
駐車場が2番目だね！
LDKも今のままでは不便だしユリのことを考えても変えなくちゃね！
うん それが3番目だ！
次はあなたのサーフィン関係でいいんじゃない？
前からずっと言ってたもんね
うん それは助かるよ
それと・・・ゲストルームは別になくてもいいかな
まあ本当に必要なことじゃないもんな
じゃあ今回は2階のリフォームはやめませんか？
大きな空間から判断するほうがコストダウンの効果も大きくなりますから
なるほど！
確かにそうですね！
それともう一つご提案なんですが

壁のペンキや漆喰などを塗られると
その分コストが抑えられますよ
自分たちでですか！
そんなことできるかしら？
もちろん方法はお教えします
それに漆喰やペンキ塗りは家の一部だけでも
ご家族で作業をされるといい思い出にもなりますよ
なるほどそれは面白いかも！
ではプランを進めていきますね
はい！
よろしくお願いします！
…

家が新しくなるのは楽しみだけど・・・
ちょっと寂しいね・・・
でも・・・この機会に処分するしかないもんな・・・
・・・・
－数日後－
マエダハウジング
MAEDA HOUSING
MAEDA HOUSING
使わないお部屋を整理してその分で駐車スペースを増やせるプランにしました
サーフボードの入口もちゃんとできますよ
本当ですか！うれしいなぁ

建物の面積を減らすという発想はなかったですが
そのほうがスペースを有効に使えますね
それから1階は全面リフォームになりますので
一度スケルトン状態にして耐震補強や断熱材も入れ替えます
7280
5460
LDK
玄関
1820 2730 910 910 910
7280
湿気や結露の問題もずいぶん変わると思いますよ
それはありがたい！
ずっと住む家だから安心して暮らせる環境が一番大事だもんな！
それから
これもお2人に見ていただきたいのですが・・・
実はお祖父様の残されたものを使わせていただこうと思いましてね
あ！これおじいちゃんの薬箱ですね！

古い掛け時計なんかも気になっていたんですが・・・
新しい空間に合うかどうかわからなくて・・・
やはり思い出の品を捨てるのは忍びないですよね
それでリビングの収納に使うことを考えました！
ちょうど綺麗に収まるサイズで再利用できるのですがいかがでしょう？
これはいいなあ！
それ以外に台所の食器棚のサイズも合わせようと思っていますのでご検討いただけたらと思います！
実は心のどこかでちょっと寂しいと思っていたんです
思い出が無くなってしまうような気がして・・・
小さなものは手元に残して後から自分で飾ろうかと考えていたんですけど
こんなふうに生かしてもらえるなんて最高です！
気に入っていただけて良かったです！
ではこのアイデアで進めさせていただいてよろしいですか？
はい！よろしくお願いします！

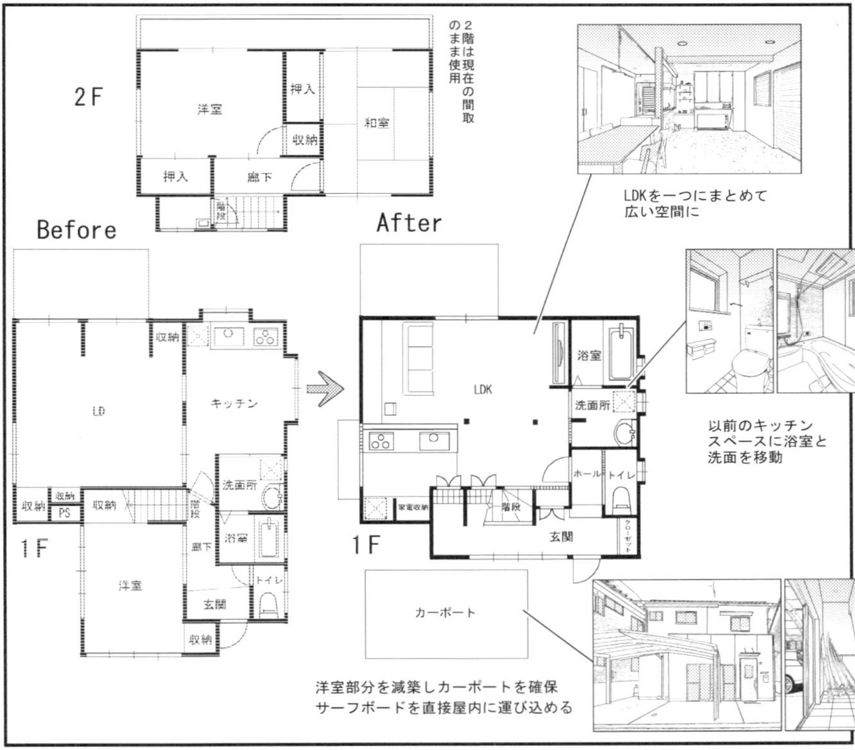
2F
洋室
押入
収納
和室
押入
廊下
階段
2階は現在の間取のまま使用
Before
After
LD
収納
キッチン
収納
収納
PS
収納
階段
洗面所
浴室
廊下
洋室
トイレ
玄関
収納
1F
LDK
浴室
洗面所
ホール
トイレ
家電収納
階段
玄関
クローゼット
1F
カーポート
LDKを一つにまとめて
広い空間に
以前のキッチン
スペースに浴室と
洗面を移動
洋室部分を減築しカーポートを確保
サーフボードを直接屋内に運び込める

マエダハウジング
MAEDA HOUSING

Before
After
－完成から１ヵ月後－
なるほど！
これがその薬箱なのね
いい感じでしょ？
床も壁も新しくなったけど
昔と変わらない感じも残ってるからなんかホッとするんだよね！
木の優しい雰囲気っていいよね！

あ！
壁は漆喰なんだ！
そう！ちなみにその漆喰塗りは自分たちも参加してね
けっこう楽しかったよ！
すご～い！
リフォームで床や壁が新しくなると独特の臭いがする家もあるけどそれもないよね
自然素材を使ってるからかな
家の中の空気もきれいに感じるし
そのおかげかユリのアレルギーも以前より落ち着いてきたのよ！
本当!?
良かったね！
キョウコさんたちもこれでようやく思い描いた暮らしができるようになったわけか・・・
うん！
いろいろ課題はあったけど良い勉強になったし！

リフォームって家が古くなったからするのかと思っていたけれど
「したい生活」の実現のためにするものなんだって実感したわ
前にアヤさんがリフォーム以外にも大切なことを教わったって話してくれたでしょ？
そうだっけ？
その言葉の意味が今ならすごくよく分かるの
家族を思う気持ちとか両親や祖父母との絆とか
夫婦で話し合う時間もすごく有意義で勉強になったし！
そう言ってもらえると紹介した甲斐があったな～
私も
自分で考えていたよりも素敵なリフォームが実現できて
すごく幸せよ！

POINT18

安心・安全な住環境にこだわった家づくり

☆空気をきれいにする自然素材の家

健康や環境に配慮した自然素材を使ったリフォームに関心を持つ方が増えています。素材の持つ優しい風合いはもちろんですが、「大切な家族を守る家だから、空気もきれいにしたい」との思いから検討する方も少なくありません。

CASE6のキヨウコも、娘のユリのアレルギー症状が気にかかり、住宅内の空気にその原因があるかもしれないと考えたことがリフォームを検討するきっかけになりました。

☆足に心地よい無垢材の床

自然素材リフォームの代表的なものといえば、床に無垢材を使うことです。素足で歩いても夏はサラリとした感触で、冬でも冷たくありません。また、無垢材ならではの心地よい木の香りが心穏やかな住環境をつくり出してくれます。

無垢材にはたくさんの種類があり、木の固さや木目の表情もさまざまです。好みや用途に応じて選びましょう。

☆呼吸する壁が室内環境を快適にする

一般的に、自然素材の塗り壁材としてよく使われるのが珪藻土と漆喰です。どちらも多孔質性（小さな気孔が非常にたくさんあること）があり、調湿性能や脱臭性能に優れているなど、さまざまな特徴があります。

高気密の家は、高い断熱効果が期待できる反面、室内の空気汚染や湿害が起こる可能性を秘めています。室内に停滞した湿気が結露となり、カビやダニ発生の原因になることも考えられます。そのため、湿気を自然に調節し、室内を快適に保つ珪藻土や漆喰が注目されているのです。

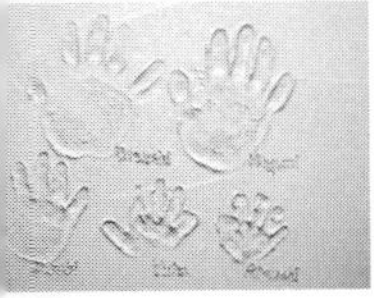

リフォーム豆知識

楽しみながら、コストダウンを図る

自然素材は、安全性や心地よさからリフォームの素材でも人気があります。ただ、工業化製品である合板やビニールクロスに比べると価格が高く、どうしてもトータルの費用がかかります。そこで、自然素材を利用しながら、できるだけ費用を抑える方法としておすすめしたいのが「DIY」という方法です。例えば、壁に珪藻土や漆喰を塗る作業に自分たちも参加すれば、その分のコストダウンを図ることができます。
ご家族で力を合わせ、楽しみながら作業したことは、マイホームづくりのいい思い出にもなるでしょう。

POINT19

注目される耐震リフォーム

☆家族や地域の安全を守る

阪神大震災以来、家の耐震リフォームのニーズが高まってきています。

本来、家は家族を守るはずのものです。しかし、築年数の経過した建物については、何らかの不具合がある可能性もあり、家の傷みに応じた対策が必要になるでしょう。

宮本夫妻の場合も、実家の築年数は50年で、現在の耐震基準を満たす構造ではなかったと考えられます。そこで1階部分の減築に合わせて、耐震補強も行うことにしたのです。

普段の暮らしの中

代表的な耐震リフォームの方法

土台・柱の取り替え

水回りの周囲の土台、柱の腐食を放置しておくと耐震面が不安。

筋交い補強

木造在来軸組工法の場合は、筋交いを入れて補強。土台、柱、桁も金物で補強する。

基礎補強

無筋の場合、鉄筋で既存の基礎の内部に増し打ちしたり、ベタ基礎にして一体化する。

金物補強

既存の筋交いや桁を止めたり、柱が土台から抜けるのを防ぐよう、金具で補強する。

構造用合板補強

柱、土台、桁などを構造用合板で止めていくと、壁倍率も2.5倍以上に向上する。

屋根の軽量

屋根の重量が重いほど耐震性は低くなる。屋根材を軽量化することで、建物への負担も軽くすることができる。

で耐震性能を意識することは少ないかもしれません。しかし、いざ地震が起こった時、地震に対して構造的に弱い住宅から抜け出すのはとても難しいものです。また、倒壊した家が人命救助の妨げになったり、火事の消火活動の遅れにつながることもあります。

耐震リフォームは、家族を守るだけでなく、地域の安全にも貢献するものなのです。

☆いざという時に備えて「耐震診断」を

地震はいつ起こるか分からないものです。いざという時に備え、リフォームの前に自宅の耐震性を見直してみるといいでしょう。

気になる場合は専門家の「耐震診断」を受けることをおすすめします。「耐震診断」は、経年劣化や土地の地盤などを踏まえた上で、建物の強度や安全性を診断するものです。現状を把握し、しっかりとリフォームで対応すれば、その後の生活が安心感に包まれたものになるのではないでしょうか。

POINT20

減築して暮らしやすくする

☆使いやすさに合わせて減らす

二世帯同居のように家族が〝増える〟タイミングがある一方で、お子さんの独立後にご夫婦が二人暮らしになるといった、家族が〝減る〟こともあります。リフォームというと、建物面積を増やすイメージがありますが、ご家族のサイズに合わせて建物を小さくする「減築」という考え方もあるのです。

ＣＡＳＥ６の宮本夫妻は夫の実家に小さな娘のユリと３人暮らし。使わない部屋がある一方で、駐車スペースが足りないという不満がありましたが、１階部分を「減築」することで解決することができました。

CASE 7

DIYのカスタマイズも暮らしの楽しみに

［中古マンションリノベーション］

桑田家の場合

登場人物

桑田ヒトミ

広すぎる家から中古マンションに引越してリフォームすることを決意する

桑田マサオ

DIYが趣味。リフォーム作業の一部である壁を自分たちで塗ろうとはりきるが・・・

大村トモミ

両親の引越しとリフォームの計画を知りマエダハウジングを紹介する

大村タカシ

トモミの夫。センスのいいリフォームに感動する

長野

マエダハウジング
リフォームアドバイザー

久保

マエダハウジング
ハウスエージェント

インテリア&DIYショップ
mamé deco
mamé deco
by MAEDA HOUSING
あれこれ見比べるって楽しいよね
照明の使い方とかも参考になるし
自分たちで家の味付けを変えるのも楽しいよな
この間タカシが作ってくれたイスが色を塗ったほうが可愛いかも…
そうだなちょっと考えてみるか

あれ？母さんじゃない！
あら！
久しぶりねトモミ！元気？
母さんここで何見てるの？
お父さんの付き合いでね
またDIYでへんなもの作るんでしょ？
そんなこと言って父さんが聞いたら怒るわよ～
あ！そうだ
買い物が終わったらみんなで食事でも行こうか！
Family Restaurant
そういえばまだトモミには言ってなかったけど
最近住み替えの準備をしててね
え！？

おまえが独立して今の家は二人で住むには広すぎるだろ
お父さんも定年が近いから生活を見直そうと思ってね
最近中古マンションの購入について話し合ってるのよ
定年ってまだ何年か先じゃないの
なにごとも準備は早いほうがいいでしょ
それで場所はトモミの家の近くにしようと思ってるのよ
ホント?
それ助かるわ~
不動産屋さんにはまだ行ってないんだけど
ホラ!前にトモミが物件探しからお世話になった会社はどうかな?
マエダハウジングでしょ!
うん!あそこならいろいろ相談に乗ってくれると思うよ!
今日会ったDIYショップもマエダハウジングのお店だよ
あら?そうだったの?

ー数日後ー
マエダハウジング
リフレ宇品店
ーム専門店
リフレ
Refre
夫婦二人で住む家だから部屋数は少なくていいんだけど
ものはけっこう多いからな・・・
そうなんですよ父はDIYが好きで工具とかやたら持ってるし
母もお裁縫とか手芸とかものをつくるのが大好きなので
ともかく私たちは
定年後の人生を楽しめるような家がつくりたいんですよ！
そうですか！
リノベーションなら間取りは変更可能ですので
よろしければいくつかピックアップしたものを立地やご予算によってご検討してみてはいかがでしょうか？
ハウスエージェント
久保
おすすめの物件が出てきたらご連絡しますので
桑田様の「したい生活」をお二人で話し合ってみてくださいね

－数日後－
その後どうなった?
二人で話し合ってみたんだけど
自分たちの好きなものをディスプレーしながらおしゃれな空間がつくれたらいいねってことになったわ
お父さんもすっかり乗り気になってるのよ
見せる収納か!
いいアイデアだと思うよ! 二人ともセンスいいし
じゃあこの線でいってみるわ
－数週間後－
リフレ
いくつか候補が見つかりましたよ!

この物件なんか
どう？
トモミの家から
近いし
買いものにも
出やすそうだね
そうだな
陽当たりも良さそう
じゃないか！
ではさっそく
現地に行って見学
してみましょうか

けっこうボロいね・・・
そ・・・そうね・・・
築40年ですからね
給排水管等の見えないところは大事ですが
リノベーションされるおつもりでしたら内装はあまり気にされなくてもいいと思いますよ
リフォームアドバイザー
長野
いいねえ！
手の加え甲斐がありそうじゃないか！
父さんたらすっかりその気だね
ああ！もうここで決まりだな
ちょっと待ってお父さん
部屋数は多いんだけど
一つ一つの部屋がちょっと狭いのが気になるのよ

部屋数を減らしてその分一部屋を広くすることは可能ですよ
それから余計な間仕切りをなくして開放感を出したいわね
飾るものによってスペースを変えたりできるし・・・
では皆さんのご要望を活かしながら
改めて間取りプランをご提案させていただきますね
－ 数日後 －
仕切りの壁を極力抑えた間取りをご希望ということで
Befor
MB PS
玄関
トイレ
廊下
サービスルーム
洗面所
浴室
LDK
押入
(天袋付)
洋室
バルコニー
After
できるだけ引き算をしてこのような間取りを考えてみました
おお！
その発想はいいね！

こちらは内装イメージです
WELCOME HOME
ご主人のご趣味がDIYですし
隣のマメデコの商品もピックアップしてハンドメイド感のある感じがいいかなと思っています
ほう！
温もりのある雰囲気でいいじゃないか！
シンプルな間取だけどちゃんと収納も確保されていて
よく考えられているわね～
自分で棚とかをつけてもいいかな？
もちろんです！
ご主人のDIY作品を加えていただくのも楽しいじゃないですか

それに漆喰の壁塗りは自分たちでやりますよ！
そのほうが手作り感が出ていいんじゃないかな
え？
クロス張りはこちらでさせていただくにしても
漆喰を塗る箇所も結構あって大変だと思いますよ
そうよお父さん！
無理しないほうがいいんじゃない？
いや！
中途半端はダメだな
心配するな！
私は経験もあるからちゃんとできるよ！
・・・
そうですか・・・
でももしお手伝いが必要になったらいつでもお声をかけてくださいね

そしてリフォーム工事が進み夫妻は自分たちで壁塗りなどを進めることになった
どうだい母さん
見事なもんだろ？
そうね・・・
ん？
こんなとこにコンセントがあったのか・・・
こいつは厄介だぞ！カバーを工夫しないと・・・
お父さん・・・本当に大丈夫？
心配はいらん！
あーっ！ほらそこ
床に漆喰を落とすなと何度言ったらわかるんだ！

－ 翌日 －
お父さん！お父さん！！
今日は壁塗りお休みにするの？
ああ！肩が痛むんだ
もう！だから言ったじゃないの大変だって・・・
うるさい！
1日や2日休んだってたいして変わるもんか！
・・・
そうでしたか・・・
Refre
はい・・・実際にやってみたら一つの壁を塗るだけでひと苦労で・・・
昨日丸1日やってまだ寝室の一部しかできてないんですよ

長野さんに言われたようにお任せすればよかったんですけど・・・・
ご主人もまだお仕事をされていますし
ちょっとご負担が大きすぎたのかもしれませんね
もしよろしければ人が集まるリビングなどはこちらに任せていただいて
寝室やクローゼットをご自分たちでされたらいかがでしょうか？
パーソナルなスペースは自分たちでやりたいというお客様も多いんですよ
そうなんですか？
はい！もちろんお手伝いはさせていただきますので
その方法で進めてみませんか？
ありがとう！
主人に話してみるわ！

－ ３ヵ月後 －
こんにちは～
はいはい どうぞ～
すごい じゃないの！
あの家が こんなにステキに なるなんて！

うん！
おしゃれだしかっこいいよね！
だろ？
ちなみにこの壁は私が塗ったんだよ
苦労したけどな
そうなんですか？すごいな！
あらお父さん
その言い方だと自分ひとりでやったみたいに聞こえるけど？
おっとすまんすまん！
私と母さんとマエダハウジングとの共同作業だったな
そうよ！でも本当に大変だったんだから
マエダハウジングの長野さんに相談してなかったらまだ漆喰塗ってたかもよ
いやその前に体壊して入院してたかもしれんな

それにしてもよく考えられてるなあ
キッチンカウンターも可動式でＬＤＫも広々使えるね
あとからレイアウトを変えることもできるし・・・
間取りで完結してしまうよりカスタマイズしながら家も変わっていけるといいと思ったんだよ
お父さんのこのアイデアは大正解だったわね
よし！定年が来たら本格的にＤＩＹに力をいれるぞ！
何か作ってほしいものあるか？
もうあんまりはりきるとあとが大変だからほどほどにしてよね！
そ・・・そうか？

CASE 7
DIYを取り入れたリフォームのポイント

POINT21
DIYの楽しさを暮らしに

☆作る楽しさを残したリフォームプラン

DIY（Do It Yourself）は、自分で何かを作ったり、修繕したりすること。最近は、暮らしの中に取り入れる方も増えています。

ひとことでDIYといっても、100円ショップで手に入るもので可愛い棚や雑貨を作るといった手軽なものから、プロ顔負けの道具をそろえて大規模に行うものまで、その内容はさまざまですが、CASE7の桑田夫妻は、マサオがDIY好きということもあって、リフォーム作業の一部を自分たちで行うことにしました。最初から全てを完成させるのではなく、必要なものを少しずつ自分で増やしていこうと考えたのです。

DIYを取り入れたリフォームには、手作りの良さがあります。ご家族の思いの込もった住まいづくりができますし、他の人とは違う、自分たちのこだわりや個性を生かすこともできます。また、作業を自ら行うことで、作業費用の一部を節約できるというメリットもあります。

☆時には引き算の発想でプランを考える

CASE7の桑田夫妻には、「自分たちの好きなものをディスプレーしながら、おしゃれな空間で暮らしたい」という希望がありました。そのために、飾るものによってスペースを自由に変えられるよう、余計な間仕切りを取り払ったプランを希望したのです。

リフォームというと、「あれもしたい」「これもほしい」と、加えていくものが多くなりがちです。しかし、本当に大切にしたいのは、あなたの「したい生活」を実現することです。そのためには、〝足す〟だけでなく、〝引く〟方が良い場合もあるのです。

POINT22

無理のないDIYプランを立てる

☆1人で抱え込まないことも大事

リフォームにDIYを取り入れる際、気を付けたいのは「無理をしない」ことです。全部自分でやろうと思っていても、慣れない作業や道具の扱いで疲れてしまうこともありますし、仕事の都合や体調不良などで作業が滞ることもあるでしょう。

夫のマサオも、壁の漆喰塗りを張り切って始めたものの、翌日疲れてしまい、それ以来作業が進まなくなってしまいました。

リフォームを円滑に進めていくためにも、あまり1人で抱え込まず、計画段階から家族や周囲の仲間の協力を得るなど、無理のないプランを立てておくことが大切です。みんなで作業をするのも楽しいですし、家づくりに参加したことは、一人一人のいい思い出になることでしょう。

また、全てをDIYでやらなくてはと気負わずに、プロの職人との作業分担をすることもおすすめの方法です。

例えば、寝室などのパーソナルスペースは自分たちで壁塗りをして、人が集まるリビングなどは、プロの手で見栄えも良く仕上げるといった進め方もできるのです。

予算に応じて気軽にお部屋を変える。部位別リフォーム「Petit・RENO（プチ・リノ）」で、お気に入りの空間を手に入れましょう！

〜1万円

見慣れたインテリアも、ディテールにちょっとしたおしゃれ感をプラスすると、新鮮な感覚に。

陶器製のコンセント。水回りにもぴったり。

足場材古材の棚をアイアンの受け金具で取り付け。

引き出しのつまみを好みのものに交換。家具の見た目も華やかに変身。

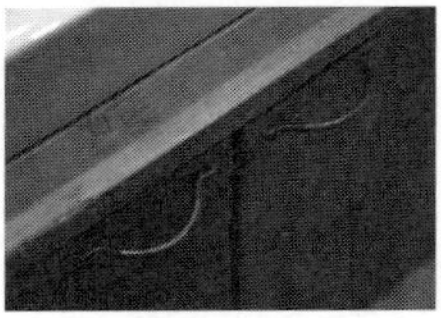
レトロな取っ手を取り付けて、あえて使い古した雰囲気に。

化粧モールを張ってシンプルな壁を個性的に演出。

〜3万円

照明のシェードを交換したり、壁にアクセントを設けたり、住空間にお気に入りの景色を増やしてみては？

照明を替えて、光の表情で遊ぶのも楽しい！

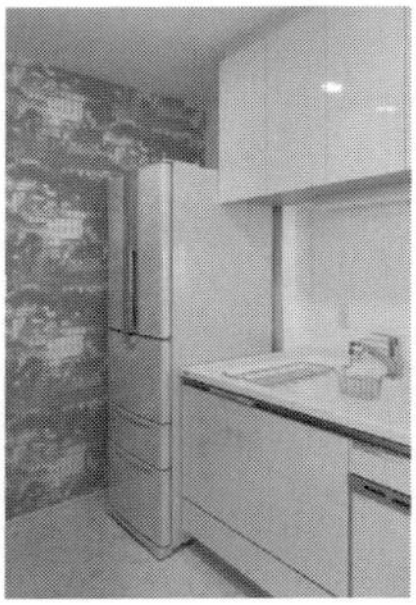
壁一面にだけお気に入りのクロスを張ってお部屋のアクセントに。

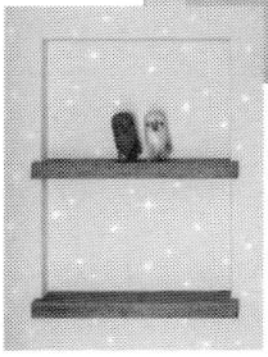
壁にニッチやカウンターを造作して、お気に入りの小物を飾って。

大掛かりなリフォームはできないけれど、お部屋の雰囲気をちょっと変えて気分をリフレッシュしたい。そんな時には、小さな場所から手をつけられる「Petit·RENO」がおすすめ。ちょっとしたアイデアで、暮らしの楽しさがグンとアップします。

~6万円

暮らしをより楽しく、快適にしてくれる美しく、機能的なアイテムを取り入れて。

室内窓を設けたり、意匠性の高い建具を採用することで、お部屋の表情がとても豊かになります。

室内にハンモックをつってリラックスタイム。

おしゃれな手洗いカウンターを設けると、トイレの雰囲気も一変。

臭いを吸収する壁材をウォールアートのようにディスプレーとして利用。

~10万円

暮らしへのこだわりを住空間にも。オリジナリティーあふれるアイテムで自分らしさを楽しむのもおすすめです。

毎日使う場所だからこだわりたい。洗面ボウルとカウンターにも可愛さを。

レトロ感のある建具は、造作建具ならではのおしゃれ感が漂います。

玄関にタイルを張ってアクセントに。お気に入りの空間でお客様をお出迎え。

世界的インテリアデザイナーが手がけた自由自在に形が変えられる本棚。暮らしの楽しいアクセントになります。

POINT23

プロとチームを組んでリフォームを進める

☆専門家のアドバイスを受けながら作業を進める安心感

自分たちで壁塗りや壁紙張りをしたり、壁にフックや棚を取り付けたりする場合も、ちょっとしたコツや専門知識を知っているだけで、よりきれいに、安全に作業ができるものです。また、建物やインテリアの知識を持つ人と話をすると、思いがけないアイデアが出てくることもあるでしょう。

DIYを取り入れたリフォームを検討する場合はリフォームのプロやDIYの経験、インテリアの知識が豊富なプロとチームを組む感覚で、プランを進めていく方法がおすすめです。こうしたニーズに応えられるリフォーム会社を選ぶことで、楽しく、安心して作業に取り組むことができるでしょう。

リフォーム豆知識

ワークショップに参加してみよう！

DIYに興味はあるけれど、何を、どうすればいいのか分からない。そういう時は、DIYショップでの情報収集がおすすめです。定期的にワークショップを開催しているお店もあるので、自宅で始める前に参加してみると、作ったり、塗ったりする時のコツや、必要な道具なども教えてもらえます。「これなら楽しくできそう!」というものを、実際に自宅リフォームに取り入れてみるのも楽しいでしょう。

貼る

最近は、貼ってもはがせる壁紙や装飾用のマスキングテープなども種類が豊富です。

塗る

壁の漆喰やペンキ塗りも事前に練習すれば、自分で塗ることもできます。

取り付ける

飾り棚を支えるブラケットや取っ手などを替えて、簡単にイメージチェンジ!

CASE 8

将来を見据えたプランで安心リフォーム

［戸建て外装＆水回りリフォーム］

堀井家の場合

登場人物

堀井ケンジ

サエコの父親
予想以上に老朽化したマイホームに衝撃を受けるが・・・

堀井ミヨコ

サエコの母親
怪しいリフォーム業者の誘いに乗りそうになるが・・・

日下

マエダハウジング
ガイソー

外装
リフォーム担当

安田

マエダハウジング
リフレ

水まわり
リフォーム担当

上野サエコ

両親の実家のリフォームの話を聞きマエダハウジングを紹介する

外壁リフォーム業者

点検無料を誘い言葉に高い料金のリフォームをさせようとたくらむ

こんにちは～
どちらさま？
突然すみません！
ご近所で外壁塗装をさせてもらっている業者なんですけど・・・
お宅の外壁にちょっと気になるところがあったものですから
声をかけさせていただきました
あらいやだどこかしら？
築30年になるといろいろ傷んでくるものなのね

新築されてから一度もお手入れされていないんじゃないですか？
そういえば特にやってないけど・・・
それはいけませんねえ
水が滲みて壁にコケが生えちゃってますし屋根の色落ちもひどいですよ
もしかすると壁や屋根の内側まで水が入り込んで
柱とかが腐ってるかもしれないなぁ
え！本当？それは大変だわ！
よろしかったらちゃんと点検しましょうか？
今ならちょうどカメラや機材もありますし
でも・・・
実際にお願いするかどうかわからないのに点検なんて・・・
大丈夫ですよ点検は無料ですから
あとは結果を見てご相談させてください

・・・・
どう？やっぱり補修したほうがいいのかしら？
うーん・・・
申し上げにくいんですが
かなりひどいですね
早急に手を打たないといつか崩れるかもしれませんよ
そんな・・・全然気付かなかったわ
先ほど撮影したこちらの映像で確認してみてください

コケがついてかなり汚れていますし
ひび割れも見られますね
このままにしておくと塗装が大きく剥がれてしまうかもしれません
屋根もずれている部分があるので雨水が漏れている可能性もあります
……
でも大丈夫ですよ
今の段階なら直せますから
本当!?良かった…
でも…費用はけっこう掛かるんじゃない?
そうですね…
屋根と壁の塗装で250万ほどでしょうか

え！
そんなに掛かるの!?
通常はその値段なんですが・・ちょうど今はキャンペーン中ですし
ご近所で工事していたご縁もありますから50万値引きして
200万円でかまいませんよ
ご50万円も値引きしてくれるの？
さらに今日決めてくださったら
足場代無料でやらせていただきます！
それはいいわねえ・・・
でもお父さんが帰ってからでないと・・・
ハンコを勝手に押すと怒られるからな・・・
じゃあ明日取りにきますよ
今日の日付で契約していただければ大丈夫ですから
本当？悪いわね

それでもう決めちゃったの？
だって家が崩れたら困るじゃない
お父さんが帰ってきたらもう一度相談するけど…
でも外装リフォームにしては高すぎるんじゃない？
見積もり書はあるの？
その場で書いてくれたけど内容がよくわからないのよね
ただ業者さんが言うにはこれでも安いくらいだって
足場代もサービスしてくれるみたいだし
なにしろ人の良さそうな人だったわ
ん～…それ大丈夫かなあ
ほかの業者さんにも聞いてみたほうがいいかもよ
もう遅いわよ
明日には契約書取りに来るんだから

まだ契約はしてないんでしょ？
だったら
マエダハウジングに外装リフォーム専門店があるからそっちに相談したほうが絶対いいと思うよ
そうねえ・・・
サエコがそこまで言うなら一度相談してみようかしら
マエダハウジング
リフレ・ガイソー東広島店
リフレ
GAISO
お問い合わせありがとうございます！
担当の日下と申します！
MAEDA HOUSING
株式会社 マエダハウジング
それで
その業者さんに点検してもらったというわけですね？
外装リフォーム担当
日下
はい・・・
外壁も屋根もかなり傷んでいるみたいで早くしないと崩れるかもしれないと言われちゃって・・・

外壁と屋根で200万かかると言われたんですけど・・・
高額な費用ですからご心配されるのも当然ですよね
でも費用の高い・安いよりも
まず本当にその工事が必要かどうかを私にも確認させていただけませんか
もちろんいいですけど・・・
わざわざ来ていただくのも申し訳ないわ
いえ
GAISO
住まいの外装リフォーム
状況を拝見させていただかないと最適なアドバイスができませんから
よろしければこれから点検にうかがわせていただきますが
ご都合はいかがでしょうか？
こちらは大丈夫ですけど本当にいいの？
はい！もちろんです！

GAISO
……
さっきの業者さんよりずいぶん丁寧に見てるな…
どう？
やっぱりいろいろ傷んでいるかしら？
そうですね確かに傷みはありますが
すぐに補修しないと家が崩れるようなことはないと思いますよ

そうなの!?
一応家の内部への雨漏りも確認してみましたが心配はなさそうですよ
内部って・・・
そんなことまでわかるの?
こちらの赤外線サーモグラフィーでチェックすれば
屋内の湿度の分布がわかるんですが
漏水などがあるとその部分は湿度が低くなってサーモの色が変わるので
その違いによって漏水の場所を特定することができます
でもご覧の通り
とくに目立った箇所はありませんよね
本当だわ!
良かった~

壁の内側が水浸しなんじゃないかとすごく不安だったのよ！
安心していただけて良かったです
ただ建てられて30年が経っていますから
早めにお手入れされたほうがいいのは間違いないですね
やっぱり何か対策はしたほうがいいのね
じゃあまずは壁の塗り替えなんかがいいのかしら？
そうですね・・・
塗装の場合ですが先ほどの業者さんの見積もりだとオリジナルの塗料1種類をすすめているようですが・・・
塗料には実にいろいろな選択肢がありますから機能やコストによっていくつかの選択肢から選ばれるのがいいと思いますよ
それにいくらオリジナルの塗料といっても
この価格は少し割高かもしれませんね
御見積

日下さん ありがとう！やっぱり見てもらって良かったわ！
さっきの業者は断ります！
そうですか
ええ！やっぱり慌てて決めてはだめね
それで
改めてお見積もりをお願いできるかしら？
もちろんです！
ではいくつかお見積もりを作成してから改めてご提案させていただきますね！
はい！よろしくお願いします！

－数日後－
耐久性の違いや遮熱性や防汚性などを考慮して
4種類の見積もりをお持ちしました
堀井様のお宅は築30年ですし
耐久性の良いものを選んでいただいたほうがいいですね
将来のことまで考慮して提案してもらえるなんて感激です！
さっそくお父さんと相談させてもらうわ！
あと・・・せっかくの機会だからトイレやお風呂のリフォームもしようかと思ってるんだけど・・・
相談に乗ってもらえるかしら？
はい！もちろんです！
同じ店舗に水回りリフォーム専門店リフレがありますから
そちらのスタッフと一緒にご提案させていただきます！
よろしくお願いします！

－ 数日後 －
こちらが水まわり担当の
リフレの安田です！よろしくお願いします！
こちらこそよろしく！
バスタブがもう少し広いといいよな
あと浴室に入った時のひんやりした感触もなんとかしたいわね
そうですね
ユニットバスにすることで浴室が少し広くなりますのでバスタブももう少し大きなものにできると思います
水まわりリフォーム担当
安田

ユニットバスでは従来のタイルのお風呂よりも断熱効果が高いので冷たさは感じにくいと思いますよ
それでも気になる場合は浴室暖房を入れるという方法もあります
なるほど!
トイレはどうかしら?
できればもう少しスッキリさせたいし湿気も気になっているのよね
それでしたらタンクレストイレにされるといいかもしれません
タンクレスに?
はい! それにこの地域は寒いですからトイレ・浴室には断熱材を入れておきましょう
さらに漆喰壁にすることで吸湿性と消臭効果も期待できますよ
それは良さそうじゃないか!
外装のリフォームもそうだけどいろいろな解決策があるもんだな!

お客様の「したい生活」を実現するためのお手伝いが私たちの仕事です！
そのためにできるアドバイスは喜んでさせていただきます！
「したい生活」か・・・
今はホームセンターや家電量販店などどこでもリフォームの提案を行っていますが
当社は専門店としての実績やネットワークそれにトータルな視点からの提案力に自信があります！
ご納得のいただけるご提案ができるようがんばりますので
よろしくお願いします！
ほう！頼もしいな！
本当ね！提案を楽しみにしているわ！

じゃあリフレ・ガイソーにお願いすることにしたんだ！
そうなのよ
だって最初の業者の見積もりに少しプラスするだけで浴室もトイレもきれいになっちゃうのよ！
すごいでしょ？
いいものを適正価格で提供してもらえるってことじゃない！
やっぱり最初の業者は高すぎたよね
あのときはいい人そうに見えたんだけどね・・・
でもリフレ・ガイソーの二人を見ていたら
その人がいかに上辺だけだったかがよくわかったわ
まあそれはそれで勉強になったじゃない！
そうね！

リフォーム工事中
ガイソー
GAISO
お疲れさまです！
今日からお風呂の工事も始まってるんですよね？
ええ
まずは古いお風呂の解体を進めています
なるほど…床下はこんなふうになっているのか…
あ！
土台がボロボロじゃないか！

タイルのクラックから
水が滲みていたようですね
こんなに腐ってて大丈夫なのか？
築30年以上の在来工法で建てられたお宅の浴室だと7割くらいの確率でこうした傷みが見られるんです
そういうものなのか・・・
ご安心ください！
土台はちゃんと補修をしますしシステムバスは防水性能がとても高いですから
今までのように水が滲みることはなくなりますよ！
そうなの？良かったわ！
堀井様に安心して生活していただけるように
しっかり工事させていただきますからね！
よろしくお願いします！

リフォーム工事完了後
わあ！
綺麗になったね！
屋根もしっかりチェックしてもらったからもう安心よ！
それで水まわりはどうなったの？
驚くわよ～
タンクレストイレか！
すっきりしてていいな～！

うわあ！お風呂も素敵！
以前のタイルのひんやり感とは大違いだね！
これで寒い思いをしなくてよくなったし
なにより広くて気持ちいいのよ！
おかげでお父さんがやたら長風呂するようになって困ってるけどね
はははっ！そうなんだ～
それにしてもリフォームって楽しいわよね！
また何か考えようかしら！
それはいいけど
もう変な業者にひっかからないでよね！
大丈夫よ
もう信頼できる会社を見つけたからね！
水回リフォーム専門店
リフレ
GAISO
MAEDA HOUSING
株式会社 マエダハウジング
30

外装・水回りリフォームのポイント

POINT24

外壁や屋根には、あなたの財産を守る大切な役割がある

☆美観と保護の役割を併せ持つ

外装（外壁や屋根）は、家の印象を決める大事な部位であると同時に、紫外線や雨などの外的環境から家を守る大切な役割も担っています。

普段はあまり気にすることはないかもしれませんが、外壁も屋根も、築年数の経過とともに、少しずつ傷みが生じてくるものです。そのままにしておくと、雨などの水分が家の中に浸透し、壁の内部に湿気が溜まることもあります。そして、家を支えている土台の木を腐らせてしまう可能性もあるのです。愛着のある家で長く快適に住むためには、定期的に状態を確認し、きちんと補修を行うことも大切です。

POINT25

外装リフォームには、トラブルが多い

☆悪質業者の営業に注意！

公益財団法人住宅リフォーム・紛争処理支援センターの調べによると、２０１７年度の住宅相談（リフォーム）の中で不具合の相談が１番多く寄せられたのは外壁や屋根の「雨漏り」、次いで「はがれ」や「ひび割れ」でした。

外装は、家の外から見ても傷み具合が分かるため、訪問販売会社の格好のターゲットになっており、昔からトラブルが多発しているのです。ＣＡＳＥ８のミヨコも、業者の訪問を受け、巧みなトークで高額な外装リフォームの契約をしてしまうところでした。

POINT26

適切な時期に信頼できる業者に頼むこと

☆誠意ある対応をする業者を選ぼう

そうですね確かに傷みはありますが
すぐに補修しないと家が崩れるようなことはないと思いますよ

外装リフォームは、施工する面積も大きく、かかる費用も大きなものになります。適切な時期に、適正な金額で実施できるよう、信頼できるリフォーム会社に依頼することが大切です。相手をしっかり見極めるのは難しいことですが、これまでにどのくらいの施工実績があるのか、現地調査をしっかり行っているのか、あるいは見積書の書き方なども、その会社の姿勢をはかる目安になります。例えば、CASE8の訪問販売業者から提出された見積もりは

外壁・屋根の修繕時期は？

依頼する側が自分の家の屋根や外壁の素材や修繕時期を把握しておくことは、トラブルの回避にも役立ちます。

こんな現象に注意して！

〈チョーキング〉

触ると白い粉が付くのは、防水効果が切れてきたときに表れるサイン。

〈ひび割れ〉

放置しておくと、建物内部にまで雨水が侵入してしまい、内部の鉄筋などが腐食することも。

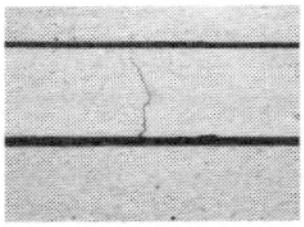

	素材	塗装目安時期
外壁	窯業系サイディングボード	7～8年
	モルタル壁	10～15年
	ALC ボード	10～15年
	コンクリート壁	10～15年
	トタン張り	7～8年
	羽目板	10～15年
屋根	スレート系	7～8年
	セメント系	10～15年
	金属系（鋼板）	10～20年

オリジナル塗料の１種類でしたが、機能やコストの違いなど、いくつかの選択肢が用意される方が、納得した上でリフォームを行うことができるのではないでしょうか。
　また、営業マンやスタッフの人柄が良いことも依頼する側にとっては１つの判断ポイントと言えますが、それだけで判断せず、会社として信頼できるかどうかも確認しておくことが大切です。

リフォーム会社選びの注意点

①営業担当の人柄だけで判断しない。

②見積もりが１種類のみ、あるいは見積書の内訳が曖昧で「一式」などと表記されている場合は注意が必要。提示された金額にどこまで含まれているかを確認する。

③支払い条件を明確に。費用にまつわるトラブルは多いもの。納得できる支払い条件かをきちんと確認する。

④信頼のおける保証書があるのか、会社としてアフターフォローを行う仕組みがあるのかも確認。

⑤近所での評判（仕事ぶり、対応）などの声を集めてみよう。実際に会社に行ってみるのも効果がある。

リフォーム豆知識

外壁塗装の正しい施工工程　準備～塗装

塗装作業一つ一つの工程に大切な意味があります。
正しい施工工程をチェックポイントとともにご紹介します。

①養生
安全確保のために足場を組む。水や塗料の飛散防止のため、ネットで覆う。

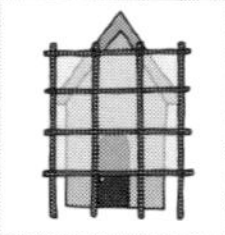

②洗浄
汚れを洗い流す。不十分だと塗り替え後、剥がれなどの原因になる。

③下地補修
ひび割れの処理や剥がれた塗料の除去、サビ止めの塗布などを行う。

④下塗り
外壁の素材と塗料の密着を高めるために行う。本塗装の発色も良くなる。

⑤仕上げ塗料
中塗りで下地を平坦にしたあと、上塗りを行う。塗りムラなどを作らないよう、数回に分けて丁寧に塗装する。

⑥付帯施工、確認
雨どいや換気口など付帯部の施工も行い、最後は仕様書と照合しながら仕上がりを確認し、養生を解体。

POINT27

水回りリフォームは見た目だけで判断しない

☆時期を見て早めの検討を

家の中で水を使う場所は、見た目はきれいに見えても問題が発生しやすい場所とも言えます。小さな傷やひび割れから水が内部に入り込み、土台や下地材を腐らせてしまうケースは少なくありません。また、湿気のある場所はシロアリの温床になりやすい場所でもあり、被害が大きくなれば修繕費用がかかるだけでなく、建物の耐震性にも影響を与えかねません。水回りのリフォームは、できるだけ被害の少ないうちに検討することがおすすめです。

見た目だけで判断するのではなく、前の工事から15～20年くらいを目安に検討してみるといいでしょう。毎日使う場所を新しいものに変えることで、設備の劣化の問題だけでなく、機能性やデザイン性、お掃除のしやすさなど、より快適な生活を実現できるのではないでしょうか。

POINT28

水回り全体でリフォームのタイミングを検討しよう

☆まとめてリフォームするほうが効率的

例えばバスルーム、トイレ、洗面室のように、それぞれ違う役割を担っている水回りも、リフォーム工事に関しては同じ業者が工事を担当することが一般的です。そのため、別々のタイミングで行うよりも同時進行でリフォームをする方が、打ち合わせや工事を効率的に行うことができ、コスト面でのメリットも期待できます。

水回りリフォームのポイント

バス

在来工法のバスルームは家の駆体と一体になっているために、外気の影響を受けやすく、冬の「寒さ」が悩みでした。そこでユニット化したバスルームを保温材で包み込むことで、この「寒さ」を解消。掃除のしやすさ、バスタイムの癒やし効果など、さまざまな機能を搭載したものがあります。

キッチン

キッチンの使い勝手は、キッチンの形、冷蔵庫や食器棚との位置関係、リビングとのつながりなどに大きく左右されるため、ライフスタイルに合わせたレイアウトを検討することがおすすめです。また、掃除と収納に悩む方も多いことから、これらに配慮した最新設備や便利機能を搭載したキッチンも次々に登場しています。

洗面室

洗面室は、脱衣や洗濯・アイロンがけ・身支度を整えるなど、多様に使われるため、限られたスペースの有効活用がポイントです。洗面台周辺に収めるものには、大きさや形がさまざまあるため、出し入れがしやすく、便利に使うための工夫が大切。また、掃除のしやすさも考慮してリフォームを進めましょう。

トイレ

最近のトイレでは、旧式トイレの「狭い」「臭い」「掃除がしにくい」といった課題も解消。コンパクトでスタイリッシュな“タンクレス”タイプの便器に変えるだけでも、トイレ空間が広くなり、掃除がしやすくなります。そのほか、節水機能や自浄力、除菌機能など、トイレがより快適に使えるさまざまな機能があります。

おわりに

「失敗しないリフォーム&リノベーション」８つのＣＡＳＥをご紹介しましたが、あなたのリフォーム・リノベーションにとってお役に立てたでしょうか。

ＣＡＳＥ１の二世帯リフォームの目的は「家族が快適に幸せに暮らす」こと。「プラン」「性能向上」「資金計画」などはそのための「手段」です。時折、手段にとらわれすぎて親子の感情のボタンの掛け違いをされているケースを見かけます。そのままでは、例えリフォームが完成しても、入居した後にうまく続きません。常にリフォームの目的を明確にして、進め方のポイントを外さないようにしてください。

ＣＡＳＥ２、３の「中古物件購入＋リノベーション」もまずは目的を明確にすることからです。多くの方が手段である「物件探し」からスタートして途中でつまずきます。特に、「物件探し」「資金計画」「リノベーション提案」を同時に進めていくことは、初めて中古物件を購入される方には分かりにくいこと。まずは、「自分たちのしたい生活は何か」を家族で考えることからです。

さて、ここで質問です。あなたのしたい生活は何ですか？

「家族とダイニングを囲みながら楽しい会話をしたい！」
「子どもたちが安心して暮らせるような広く明るく快適な家にしたい！」
「アイランドキッチンにして友人を呼んでパーティーをしたい！」

いいですね。まずは、自分たち家族の夢をどんどん描きだしてみましょう。そして、何か気が付いたことはありませんか？　そうです、あなたの「したい生活」にはきっと「人」が出てくるはず。それは自分かもしれませんし、家族や友人かもしれません。夢の中のシーンが綺麗なキッチンや、広い空間だけでは物足りません。

そうです、リフォームもこの「人」を大切にしてください。あなたのしたい生活を実現するために力を貸してくれる営業、プランナー、監督、職人さん、ときには経営者の方もいるかもしれません。その人たちと夢が実現できそうであれば一歩進んでみてください。

私たちは、リフォーム専門で創業して26年、22，000件以上のお客様の夢の住まいづくりに関わらせていただきました。多くのお客様のリフォームに対する不安や悩み、そしてその何倍もの満足や感動を見てきました。

ここに出てくる登場人物は私以外全て架空ですが（スタッフにはモデルがいます）、店舗は実在しており、お客様は実際にあった事例を元にしています。以前あったテレビ番組のように、壊してみるとビックリするようなこともあります。途中で頭を抱える場面も出てきます。そこは、スタッフや職人さん、そしてお客様と共に難題を解決して、最後は涙するような場面に何度も出合いました。

今、過去最高の空き家の数が社会問題になっています。理由は、人口減少のなか、無計画に建てられている新築着工です。特にここ数年相続対策として建てられたアパート建設は空き家の増加に拍車をかけています。

日本の住宅寿命は欧米に比べると短く30年といわれています。これは、決して物理的な寿命ではなく日本独特の新築偏重主義がもたらせたもの。私たちは築60年、１００年、１５０年の木造住宅のリフォームも行っています。

私たちは、空き家の価値を見出し、磨き、再活用する「空き家再活用」、親の家を住み継ぐ「実家&二世帯リフォーム」、コストダウンと家に愛着が生まれる「ＤＩＹリフォーム」も推進してきました。

以前は、「リフォームにお金をかけるなら建て替えたほうがいい」という言葉も聞かれましたが、今は若い人を中心に「モノを大切にする」「住み継ぐ」という気持ちが広がってきています。

「リフォームには、家族の明るい会話を増やすチカラがあります」

「リフォームには、家族を安心して迎えるチカラがあります」

ぜひ、この本を通してそのリフォーム・リノベーションのチカラを感じていただければ幸いです。

最後に、この本が出版されるにあたって、たくさんの方にご協力いただきました。この場を借りてお礼を申し上げます。企画していただいたザメディアジョンの田中朋博さん、シナリオの担当をしていただいた浅井千春さん、すてきな絵を描いていただいた近藤こうじさん、その他編集協力いただいた方々、そして漫画の登場人物のモデルとなったスタッフ、職人さん、お客様に大変感謝を申し上げます。今この本を手にしてくださっているあなたにも感謝を申し上げます。

これからも、「地域密着住宅ワンストップサービス業」としてワクワクする情報をこの広島から発信していきます。ビジョンである「地域で輝く100年企業」を目指して、広島の暮らしをデザインしていきます。リフォームによってたくさんの「ありがとう」や「良かった」という会話が聞こえる家庭や社会になればと心より願っております。

株式会社マエダハウジング代表取締役

前田　政登己

2019年2月20日

【プロフィール】
監修：株式会社マエダハウジング
株式会社マエダハウジング不動産
代表取締役　前田 政登己（まえだ・まさとみ）

自動車メーカーから転身してリフォーム業界に入る。1995年にリフォーム専門で独立してマエダハウジングを創業。26年間、2万2千件以上の夢の住まいづくりに携わる。2005年の悪質リフォーム報道の余波を受けて業界の危機を感じ「リフォームが持つ本来の楽しさを伝えたい」という思いから、リフォーム専門誌「広島の安心・安全リフォーム」を創刊。2010年からは、中古住宅を買ってリノベーションをした事例をまとめた雑誌「広島リノスタイル」を出版する。また、質のいい中古住宅の流通や空き家問題の解消につながればと「中古を買ってリノベーション」「困った空き家を生きた資産に変える20の方法」などの書籍も発行。特に「空き家再活用事業」は、「経済産業大臣表彰　先進的なリフォーム事業者表彰」「中国地域ニュービジネス大賞　優秀賞」「地域未来牽引企業」にも選出された。現在は「地域密着住宅ワンストップサービス業」としてリフォーム・新築・不動産を中心にセミナーやメディアへの発信を積極的に行っている。

〈株式会社マエダハウジング〉
https://www.maedahousing.co.jp/

まんがでわかる
失敗しないリフォーム&リノベーション　〈検印廃止〉

2019年3月1日　第1刷発行

監　修　前田政登己
発行者　山近義幸
発行所　株式会社ザメディアジョン
〒733-0011　広島市西区横川町 2-5-15　横川ビルディング
電話　営業部 082-503-5035　　編集部 082-503-5051
FAX　082-503-5036
http://www.mediasion.co.jp
印刷所　株式会社シナノパブリッシングプレス

 ISBN978-4-86250-615-3